Elke Heller (Hrsg.)
Der Situationsansatz in der Praxis

Elke Heller, Dr. paed., Erzieherin, Diplom-Pädagogin; wissenschaftliche Begleitung von Praxisprojekten in Kindertageseinrichtungen der neuen Bundesländer und bundesweiten Projekten zur Entwicklung der Qualität im Situationsansatz; Mitautorin der Bildungsprogramme in Berlin, Hamburg und im Saarland; Hrsg. „Qualität im Situationsansatz" (2009); freie Mitarbeiterin und Fortbildnerin am Institut für den Situationsansatz der Internationalen Akademie (INA gGmbH) an der FU Berlin.

Frühe Kindheit | Pädagogische Ansätze

Elke Heller (Hrsg.)

Der Situationsansatz in der Praxis

Von Erzieherinnen für Erzieherinnen

Bei Fragen und Anregungen wenden Sie sich bitte an unsere Berater:
Marketing, 14328 Berlin, Cornelsen Service Center,
Servicetelefon 030 / 89 785 89 29

Weitere Informationen finden Sie im Internet unter:
www.cornelsen.de/fruehe-kindheit

Nicht in allen Fällen war es uns möglich, den Rechteinhaber der Fotos/Abbildungen ausfindig zu machen. Berechtigte Ansprüche werden selbstverständlich im Rahmen der üblichen Vereinbarungen abgegolten. Wir bitten um Verständnis.

Bibliografische Information: Die Deutsche Bibliothek verzeichnet diese Publikation in der Deutschen Nationalbibliografie; detaillierte bibliografische Daten sind im Internet über http://dnb.ddb.de abrufbar.

1. Auflage 2010
© 2010 Cornelsen Verlag Scriptor GmbH & Co. KG, Berlin

Das Werk und seine Teile sind urheberrechtlich geschützt. Jede Nutzung in anderen als den gesetzlich zugelassenen Fällen bedarf deshalb der vorherigen schriftlichen Einwilligung des Verlags. Hinweis zu den §§ 46, 52a UrhG: Weder das Werk noch seine Teile dürfen ohne eine solche Einwilligung eingescannt und in ein Netzwerk eingestellt oder sonst öffentlich zugänglich gemacht werden. Dies gilt auch für Intranets von Schulen und sonstigen Bildungseinrichtungen.

Lektorat: Sigrid Weber, Freiburg
Herstellung: Renate Hausdorf, München
Satz: Markus Schmitz, Büro für typographische Dienstleistungen, Altenberge
Druck und Bindung: fgb · freiburger graphische betriebe, Freiburg
Umschlaggestaltung & Innenlayout: Claudia Adam Graphik-Design, Darmstadt
Titelfotografie: mauritius images GmbH, Mittenwald

Printed in Germany

ISBN 978-3-589-24560-4

Inhalt

Vorwort   9

Einführung   11

Der Situationsansatz in der Praxis: 16 Erzieherinnen stellen ihre Projekte vor   13

Wir richten uns ein „klitzekleines" Lesezimmer ein   15
Elke Lemke & Heike Westermann

Woher kommen die alten Scherben in unserem Garten? –
Kinder erkunden die Geschichte ihrer Kita   21
Monika Braun-Ingrassano & Monika Koschnitzki-Schmidtke

Warum Zähneputzen so wichtig ist – und wie man es richtig macht   28
Ute Reinhardt

Was ist ein Denkmal? – Auf den Spuren der Geschichte eines Bahnhofs   34
Jeannette Börner & Sabine Kretschmann

Was ist echte Schrift? – Kinder entdecken die Welt der Buchstaben   40
Karola Leidecker

Wir bauen unser eigenes Biogemüse an   48
Sabine Derlin & Ute Flämig

Auf den Spuren des Wetters   55
Simone Thomas

„Птица, Кошка, Мышка" — Wer spricht hier so? Mehrsprachigkeit als Chance   65
Nadja Patzer & Cornelia Gräff

Unser Kaninchen Findus ist gestorben   71
Bärbel Gutzoff

Wie Kinder im Zusammenleben ihre interkulturellen Erfahrungen erweitern   76
Dilek Özkan

Wir feiern unser Sommerfest — und alle sind beteiligt   83
Petra Braun & Jana Wittlich

Wie lernt man lesen? — Kinder entdecken die Bedeutung der Schriftsprache   88
Kerstin Fest

Wie sieht es bei euch aus? Kinder besuchen sich gegenseitig
in ihren Kindergärten   93
Sabine Colm & Gudrun Thiel

Der Spielplatz wird neu gestaltet – Unsere Ideen sind gefragt   98
Bärbel Mende, Sevda Demir & Kerstin Hoffmann

Wer ist Bruder Jakob? Auf den Spuren der Geschichte eines Liedes   104
Team des Kindergartens Lüneburger Straße

Wie viel Fernsehen ist in Ordnung und welche Sendungen sind gut
für mein Kind?   109
Team des Kinder- und Familienzentrums Neue Steinmetzstraße

Der Situationsansatz in der praxisorientierten Theorie – Im Dialog mit Erzieherinnen 118

Elke Heller

Welche Bildungsansprüche werden heute an Kindertagesstätten gestellt?	119
Welche Orientierungen gibt der Situationsansatz?	122
Welches Bild vom Kind liegt dem Situationsansatz zugrunde?	123
Welches Bildungsverständnis vertritt der Situationsansatz?	126
Welche Ziele leiten das pädagogische Handeln?	130
Welche Handlungsorientierungen geben die konzeptionellen Grundsätze?	132
Wie lassen sich Lebenssituationen von Kindern und Familien erkennen?	134
Was sind bedeutsame Situationen von Kindern?	138
Welche „Schlüsselsituationen" wählt die Erzieherin aus?	140
Welche Bildungsinhalte können sich Kinder aneignen?	143
Welche Ansprüche werden an Erzieherinnen gestellt?	145
Wie wird die pädagogische Arbeit geplant und dokumentiert?	146
Literaturangaben	**149**
Kontaktadressen	**150**

Vorwort

Jürgen Zimmer

„Tief im Westen, wo die Sonne verstaubt, ist es besser, viel besser als man glaubt!" So beginnt Herbert Grönemeyers Lied über Bochum. Tief im Westen, in der Gegend von Mainz, Wiesbaden, Offenbach und Kaiserlautern, in Kindergärten der Länder Rheinland-Pfalz und Hessen, wurde der Situationsansatz Anfang der Siebzigerjahre zum ersten Mal Praxis. Er war nicht nur ein von Erzieherinnen mitentwickeltes Konzept, sondern auch eine Widerstandsbewegung gegen Übergriffe von Schulpolitikern, die dem Kindergarten die Fünfjährigen wegnehmen wollten, und gegen „Experten", die mit Leselernmaschinen und gebrauchanweisungsfixierten Lernprogrammen den Markt überschwemmten.

Tief im Osten, nach der Wende, als eine besondere Gattung von „Wir-wissen-wo-es-langgeht"-Menschen aus dem Westen die Erzieherinnen für nahezu berufsunfähig erklärten und ihnen eine „Anpassungsqualifizierung" verpassten, war es ja nicht viel anders. Auch dort entwickelte sich der Situationsansatz als eine Widerstandsbewegung gegen neue und schon wieder von oben verordnete Richtlinien.

Ich erinnere mich noch gut an eine Anfrage, die mir eine Gruppe von Erzieherinnen aus dem Berliner Osten schickte – ich war damals weit weg: Sie hätten gehört, ich sei in Mittelamerika und anderswo mit dem Aufspüren pädagogischer Minen aus kolonialer Vergangenheit befasst, und nun würden sie gern in Erfahrung bringen, ob ich ihnen bei der Abwehr pädagogischer Fremdbestimmung helfen könne. Ich kam zurück und es gab in Berlin eine große Versammlung. Neue Schlüsselsituationen kamen zur Sprache, und das war der Beginn mehrjähriger Entwicklungen, den Situationsansatz auf die Situationen der Nachwendezeit zu beziehen. Von 1993 an beteiligten sich daran Kindertagesstätten in allen neuen Bundesländern und im östlichen Teil Berlins.

In jenen neunziger Jahren gab es Kritik am Situationsansatz, vorgetragen von Wettbewerbern um Modellversuchsmittel: Man wisse doch gar nicht, ob er nachweisbare Wirkungen erziele, es handele sich wahrscheinlich um eine Art Glauben. Man müsse ihn deshalb extern empirisch evaluieren. Ich war ganz dafür und machte mir keine großen Sorgen um die Ergebnisse einer solchen Überprüfung, auch wenn die Kritiker möglicherweise den heimlichen Wunsch hegten, den Situationsansatz als wirkungslos und als Fiktion zu entlarven und ihn auf die Rückseite des Mondes zu katapultieren. Diese Evaluation wurde dann mit großen methodischem Aufwand von einer Landauer Forschungsgruppe zweimal in zeitlichem Abstand durchgeführt – und siehe da: Im Unterschied zu Kindern, deren Erzieherinnen nicht nach dem Situationsansatz arbeiteten, erwiesen sich die Kinder des Situationsansatzes als autonomer, sie blieben aus eigenem Antrieb länger bei der Sache, hingen weniger am Rockschoß ihrer Erzieherinnen, regelten ihre Konflikte stärker untereinander und erwiesen sich als widerstandsfähig und stabil in ihrer Selbständigkeit.

Also nicht auf dem Mond. Sondern: Wir sind, wer wir sind. Wir beziehen den Situationsansatz auf Situationen und Ereignisse, wie unsere Kinder und wir sie immer wieder neu erleben, wir machen das, was Wilhelm von Humboldt mit Bildung als Anverwandlung von Welt meinte.

Glückwunsch zu diesem Buch! Und ein großes Dankeschön der Herausgeberin und allen Autorinnen, die die Praxis des Situationsansatzes mit erfindungsreichen Beispielen weiterentwickeln.

Prof. em. Dr. Jürgen Zimmer

Präsident der Internationalen Akademie für innovative Pädagogik, Psychologie, und Ökonomie (INA gGmbH) an der Freien Universität Berlin

Einführung

Elke Heller

Der Situationsansatz als zeitgemäßes und anspruchsvolles pädagogisches Konzept orientiert sich in seinen Zielen, seinen Inhalten und dem pädagogisch-methodischen Handeln einerseits an den Herausforderungen des Lebens in einer globalen Welt und anderseits an den konkreten, sich in ständigem Wandel befindlichen Lebenssituationen und Erfahrungen der Kinder und ihrer Familien. In diesem Sinne ist er als ein an der Lebenswelt von Kindern orientiertes Bildungskonzept zu verstehen.

Den gesellschaftlichen Anforderungen entsprechend und unter Beachtung neuerer Erkenntnisse zur frühkindlichen Entwicklung und Bildung hat sich der Situationsansatz unter Mitarbeit vieler Akteure in Theorie und Praxis ständig weiter entwickelt und sich bundesweit in vielen Kindertagestätten überzeugend etabliert. Auf welche Weise Erzieherinnen das Konzept ganz praktisch umsetzen und wie eine koninuierliche Reflexion von Theorie und Praxis aussehen kann, zeigt das vorliegende Buch.

Im ersten Teil wird der Erfahrungsschatz gelebter Praxis im Situationsansatz gehoben und allen Interessierten zugänglich gemacht. Erzieherinnen, die in Einrichtungen der nach dem Situationsansatz arbeitenden INA.KINDER.GARTEN gGmbH, Berlin arbeiten, haben in ihren Kindergruppen Projekte zu unterschiedlichsten Themen durchgeführt, die sie hier dokumentieren und reflektieren. Mit ihren Berichten zeigen sie, wie sie Kinder in ihren frühen Lebensjahren unterstützen, sich die verschiedensten Bereiche der Lebenswelt zu erschließen und ihr Leben in der Kindergemeinschaft kompetent und verantwortlich mitzugestalten. Solche innovativen Erfahrungen können Anstöße und Ideen geben, manches unter Berücksichtigung der eigenen Bedingungen zu erproben und das eigene Profil bei der Gestaltung frühkindlicher Bildungsprozesse zu schärfen.

Pädagogische Erfahrungen sind Ausdruck der Reflexion eigenen pädagogischen Handelns. Übertragbar bzw. nachvollziehbar werden individuelle Erfahrungen und Kompetenzen von Erzieherinnen nur dann, wenn die Ursachen und Strukturen erfolgreichen pädagogischen Vorgehens aufgedeckt und das Grundlegende, das zu Verallgemeinernde verdeutlicht werden.

Die im zweiten Teil vorgestellten Erkenntnisse und Erfahrungen zum theoretisch-konzeptionellen Konzept des Situationsansatzes sollen deshalb die hinter den vorgestellten Praxisbeispielen stehenden allgemeinen Grundpositionen verdeutlichen. Praktische Erfahrungen tragen zur Weiterentwicklung der pädagogischen Theorie bei;

Theorie und Praxis durchdringen sich gegenseitig. In konsequenter Weise fließen die professionellen Erfahrungen von Erzieherinnen aus der Fortbildung zum Situationsansatz in diese Ausführungen ein.

Ich möchte mich bei allen Erzieherinnen bedanken, die sich mit ihren Erfahrungen in den konstruktiven Dialog eingebracht und ihr pädagogisches Vorgehen so detailliert und anschaulich dokumentiert haben.

Mein Dank richtet sich auch an die Leitungsteams und die Geschäftsführerinnen der INA.KINDER.GARTEN gGmbH für die aktive Unterstützung bei der Erarbeitung dieses Praxisbuches.

Mein besonderer Dank gilt meiner Kollegin Dr. Christa Preissing für ihre kollegiale fachliche Beratung.

Elke Heller

Potsdam/Rehbrücke

Im März 2010

Der Situationsansatz in der Praxis:
16 Erzieherinnen stellen ihre Projekte vor

Im Folgenden stellen Erzieherinnen Beispiele erfolgreicher Bildungsprozesse im pädagogischen Konzept Situationsansatz vor. Sie geben interessante Einblicke, wie sie anknüpfend an bedeutsamen Erlebnissen, Fragen bzw. Themen der Kinder ausgewählte Schlüsselsituationen aufgreifen, ihnen so in realen Lebenssituationen innerhalb und außerhalb des Kindergartens vielseitige Zugänge und altersgemäße Möglichkeiten zur Erschließung der Welt eröffnen.

Alle Erfahrungsberichte sind nach den grundlegenden vier Planungschritten der pädagogischen Arbeit im Situationsansatz strukturiert:

1. Erkunden – Situationen analysieren

Die verschiedenen Perspektiven von Kindern, Eltern, Erzieherinnen sowie fachliche und gesellschaftliche Erfordernisse werden betrachtet, um sich ein genaueres Bild von der ausgewählten Schlüsselsituation zu machen.

2. Orientieren – Ziele formulieren

Pädagogische Ziele werden entwickelt, wie die Mädchen und Jungen in der Auseinandersetzung mit der Situation und der Aneignung des dazu erorderlichen Wissens und Könnens nachhaltig unterstützt und gefördert werden sollen.

3. Handeln – Situationen gestalten

Verschiedenste Aktivitäten werden vorgestellt, die zeigen, wie Kinder und Erzieherinnen unter Mitwirkung von Eltern anregende und sinngebende Tätigkeiten planen und gestalten, in denen sie ihre Handlungsfähigkeiten erweitern und sich vielseitige Kompetenzen aneignen können.

4. Nachdenken – Erahrungen auswerten

Hier reflektieren Erzieherinnen die Wirksamkeit ihres pädagogischen Handelns. Sie fassen rückblickend Erfahrungen und Erkenntnisse zusammen, die sich bewährt haben und ihnen helfen, weitere Schritte zu planen.

Weitere Informationen zur Planung und Dokumentation im Situationsansatz finden Sie im zweiten Teil dieses Buchs.

Wir richten uns ein „klitzekleines" Lesezimmer ein
Elke Lemke & Heike Westermann

Erkunden: Was wir dringend brauchen

Unsere Kita Rosenheimerstraße besuchen ca. 100 Kinder im Alter von ein bis sechs Jahren. Nationalität und Herkunftssprachen sind sehr unterschiedlich, der Anteil der Kinder nichtdeutscher Herkunft beträgt ca. 30 %. Viele Eltern dieser Kinder äußern schon im Aufnahmegespräch den Wunsch, dass ihr Kind gezielt im Erlernen der deutschen Sprache gefördert wird. Aus diesem Grund, aber vor allem weil Sprache ein wesentlicher Zugang des Menschen zu anderen und zur Welt ist, nimmt die sprachliche Bildung in unserer pädagogischen Arbeit einen Schwerpunkt ein.

Ein wesentlicher Bestandteil von Sprachentwicklung sind frühe kindliche Erfahrungen mit der Buch-, Erzähl-, Reim- und Schriftkultur, in der Fachliteratur neuerdings als „Literacy-Erziehung" bezeichnet. Auch der Situationsansatz betont, dass „Sprache in unserer Gesellschaft das vorherrschende Medium ist, in dem wir miteinander kommunizieren, mit dem wir Erkenntnisse strukturieren und systematisieren und dass Schriftsprache unverzichtbar ist, um sich in der Wissensgesellschaft zu orientieren, zu beteiligen und erfolgreich zu sein." (Preissing/Heller 2009, S. 48)

Das tägliche Lesen von Geschichten, das Hören von Versen und Gedichten, das Reimen sowie das Nacherzählen ist in der Gruppe der vier- bis fünfjährigen Kinder fester Bestandteil des Kindergartenalltags und gleichzeitig auch ein beliebtes Ritual. Dabei beobachteten wir, dass für einige Kinder der Umgang mit Büchern selbstverständlich ist: Sie behandeln sie sorgfältig und wertschätzend. Andere Kinder dagegen hatten offenbar noch wenig Erfahrungen mit Büchern, vielleicht auch keinen Zugang zu dieser Welt. Gemeinsam mit den Kindern beschlossen wir, regelmäßig die Stadtbibliothek zu besuchen, um dort Bücher für den Kindergarten auszuleihen.

Da wir ein kleines Haus sind und halboffen in zwei Abteilungen mit jeweils 45 Kindern arbeiten, haben wir in unseren Räumen mehrere Tätigkeitsbereiche eingerichtet, in denen die Mädchen und Jungen ihren vielseitigen Interessen und Bedürfnissen nachgehen können. Bis vor Kurzem war es jedoch schwierig, einen ungestörten Platz zum Lesen zu finden. Deshalb wünschten sich die Kinder ein Zimmer zum Lesen und Anschauen von Büchern; es sollte ruhig und gemütlich sein. Auch für uns Erzieherinnen war die bestehende Situation unbefriedigend. Zum einen störte uns die „tägliche Suche" nach einem ruhigen Platz für unsere „Lesestunde" und zum anderen wussten wir nicht, wo wir unsere eigenen Bücher sowie die aus der Bibliothek anregend und geordnet präsentieren können.

Wir waren uns einig, dass sich die Kinder nur in einer lesefreundlichen Atmosphäre Bilderbücher gern anschauen und lesen, den Geschichten und Gedichten lauschen und somit Lust und Freude an Literatur entwickeln können. Gerade auch Kinder, die in ihren Familien wenig Anregungen erhalten, sollten reichhaltige Erfahrungen im Umgang mit Büchern sammeln und Lesegenuss erleben können.

Sowohl für uns Erzieherinnen als auch für die Kinder stand fest, dass wir möglichst bald gemeinsam einen Raum zum Lesen finden und einrichten wollen.

Orientieren: Lust auf Bücher und Lesen wecken

Die Einrichtung und Gestaltung einer Kinderbibliothek sollte den Mädchen und Jungen die Möglichkeit geben, sich in angenehmer und entspannter Atmosphäre allein oder gemeinsam mit Literatur zu beschäftigen. Damit wollten wir ihre Lust auf Bücher, auf das Lesen und das Betrachten von Bildern, kurz: ihre Lust „auf mehr" noch weiter fördern. Wir wollten ihnen im wahrsten Sinne des Wortes Raum geben, sich in den Inhalt vertiefen zu können, ihn zu verstehen und sich so neue Welten zu erschließen.

Durch die gezielte Auswahl von Literatur sollten die Kinder unterschiedliche sprachliche Ausdrucksmöglichkeiten (Gedichte, Reime, Märchen usw.) kennenlernen und so ein differenzierteres Bewusstsein für Sprache entwickeln. Zugleich wollten wir die kulturelle Vielfalt des Lebens in unserem Haus präsentieren und in wertschätzender Weise für alle erlebbar machen.

Durch die Gestaltung eines gemütlichen Leseraums mit attraktivem Bücherangebot, wollten wir bei unseren Kindern Freude und Vergnügen am gemeinsamen Literaturerlebnis hervorrufen. Ein (Lese-)Ort zum Wohlfühlen lädt ein zum Quatschen (ruhig auch mal Quatsch machen), zum Austausch von Erfahrungen und Vorstellungen, zum Nachfragen und Zuhören, aber auch zum „Weiterdenken oder Erfinden" von Geschichten.

Es ging uns aber auch darum, Erfahrungen zu ermöglichen, sich in einer Bücherei selbständig „zu bewegen", sei es um ein Lieblingsbuch zu finden, einer Frage mit Hilfe eines Lexikons nachzugehen oder um Freunden etwas „vorzulesen". Damit bestimmte Bücher (wieder-) gefunden werden konnten, sollten sich alle an gewisse „Spielregeln" halten, die im Vorfeld gemeinsam zu vereinbaren waren.

Darüber hinaus sollte den Kindern bewusst werden, dass (mitgebrachte) Bücher für ihre „kleinen und großen Besitzer" etwas Besonderes sind und wir daher alle mit ihnen wertschätzend umgehen.

Handeln: Vielfältige Erfahrungen mit Literatur ermöglichen

In unseren Überlegungen und unserem pädagogisch-methodischen Vorgehen bei der Einrichtung des Leseraums gaben uns die konzeptionellen Grundsätze des Handelns im Situationsansatz grundlegende Orientierung. So geht es beispielsweise darum,

Kinder in die Gestaltung der Räume und des Materials einzubeziehen, ihnen Zugänge zu neuem Wissen und neuen Erfahrungen zu eröffnen, sie die Sinnhaftigkeit und Gültigkeit von Regeln in konkreten Situationen erfahren zu lassen, die Sprachentwicklung in der Familiensprache zu unterstützen und gezielt den Erwerb der deutschen Sprache zu fördern (vgl. Preissing/Heller 2009, S. 15 ff).

Der Raum bekommt einen Namen

Wir Erzieherinnen hatten die Idee, einen kleinen, kaum genutzten Personalraum zu „besetzen", um dort mit den Kindern ungestört zu lesen. Anfangs holten wir jeden Mittag ein Buch aus dem Regal im Esszimmer und zogen uns zum Lesen in das namenlose, sehr kleine Zimmer von nur fünf Quadratmetern zurück. Ein wenig später wollten wir dann dem Zimmer einen Namen geben. Die Kinder schlugen zuerst „kleines Lesezimmer" vor. Aber „klein" war unserer Meinung nach nicht klein genug für das Stübchen. So regten wir die Kinder an, zu überlegen, wie man etwas nennen kann, das kleiner als klein ist. Zwischen den Vorschlägen „miniklein", „babyklein", „winzigklein" und „klitzeklein" entschieden wir uns einstimmig für „klitzeklein", weil die Kinder meinten, dass dieser Name am lustigsten klingt (→ Abb. 1).

Abb. 1: Vor dem „klitzekleinen Lesezimmer"

Fortan hieß es mittags nach dem Essen und Zähneputzen, wenn unsere Vorlesestunde begann, nur noch: „Ab ins klitzekleine Lesezimmer!" (→ Abb. 2) Und da Kinder gern zu Abkürzungen greifen, sagen sie oft nur noch: „Ich flitz' ins Klitzekleine."

Indem sich die Kinder selbst einen Namen ausdenken konnten, identifizierten sie sich sehr schnell mit diesem Raum. Wir spürten, wie groß die Vorfreude an jedem Tag auf dieses Ritual war. Schon bald stand in diesem „klitzekleinen" Lesezimmer auch die Kiste mit den Büchern aus der Bibliothek. Immer öfter äußerten die Kinder den Wunsch, auch außerhalb der täglichen Vorlesestunde in dem Zimmer zu sein und Bücher anzuschauen.

Wir richten unser Lesezimmer ein

Gemeinsam überlegten wir, wie wir das Zimmer gestalten könnten, so dass es nicht nur zum Vorlesen einlädt, sondern auch den selbständigen Umgang mit Büchern ermöglicht. Die Kinder kamen schnell auf die Idee, ein Regal aufzustellen, in dem sowohl unsere Bücher, die bisher im Esszimmer standen, als auch die geliehenen Bücher aus der Bibliothek Platz finden sollten. Im Keller stand noch ein schmales Regal und der Hausmeister erfüllte den Wunsch der Kinder umgehend. Aus der Küche liehen wir uns einen Geschirrwagen und drei Kinder halfen beim Transport der Bücher ins „klitzekleine" Lesezimmer.

Die Fächer im Regal, die die Kinder gut erreichen konnten, bestückten wir mit den Bilderbüchern und Nachschlagewerken. In die beiden oberen Fächer platzierten wir die Bücher aus der Bibliothek.

Aber so ganz gemütlich fanden wir das „klitzekleine" Zimmer noch nicht. Wir Erzieherinnen kamen mit den Kindern auf die Idee, Bilder von unseren Lieblingsbüchern zu kopieren und dazu Lieblingsszenen malen. Besonders die Mädchen machten sich begeistert ans Werk. Dabei entstanden schöne Zeichnungen, Mal- und Klebearbeiten. Wir ordneten sie den Kopien der Bilderbuchillustrationen zu und brachten sie in Bilderrahmen in eine ansprechende Form. Jetzt schmücken sie die Wände des „klitzekleinen" Lesezimmers. Fotografien, die die Kinder beim Lesen und beim Bibliotheksbesuch zeigen, ergänzten die Gestaltung des Raumes.

Achtsam und pfleglich mit Büchern umgehen

Wie konnten wir nun erreichen, dass alle mit den Büchern achtsam und pfleglich umgehen? Wir entwickelten und vereinbarten Regeln. So gab es beispielsweise die Regel, dass die Bücher, die die Kinder angeschaut hatten, wieder auf ihren Platz zurückzustellen waren. Diese Regeln haben wir als Bildserie fotografiert und im Lesezimmer für alle zur ständigen Erinnerung an zentraler Stelle sichtbar gemacht (→ Abb. 3).

Besondere Aufmerksamkeit wollten wir dem sorgsamen Umgang mit den aus der Bibliothek geliehenen Büchern schenken. Auch nach uns sollten sich noch viele andere Kinder diese interessanten und schönen Bücher ausleihen können. Wir erlebten, wie die Mädchen und Jungen allmählich ein Verantwortungsgefühl für die ausgeliehenen Bücher entwickelten und zunehmend vorsichtiger mit ihnen umgingen.

Die gleiche Achtsamkeit verabredeten wir aber auch für den Umgang mit unseren eigenen Büchern. Fast alle wollten mithelfen, kaputte Bücher zu reparieren und mittlerweile sind die Kinder so aufmerksam, dass sie von selbst darauf achten, Bücher „als Schätze" pfleglich zu behandeln und wenn notwendig zu reparieren.

Die Leselust nimmt weiter zu

Das Vergnügen der Kinder, sich im Lesezimmer mit Bilderbüchern zu beschäftigen, wurde immer größer. Inzwischen ist es so, dass die Kinder nach dem Vorlesen noch gern im Zimmer bleiben. Sie reden über das Buch, identifizieren sich mit den han-

Wir richten uns ein „klitzekleines" Lesezimmer ein

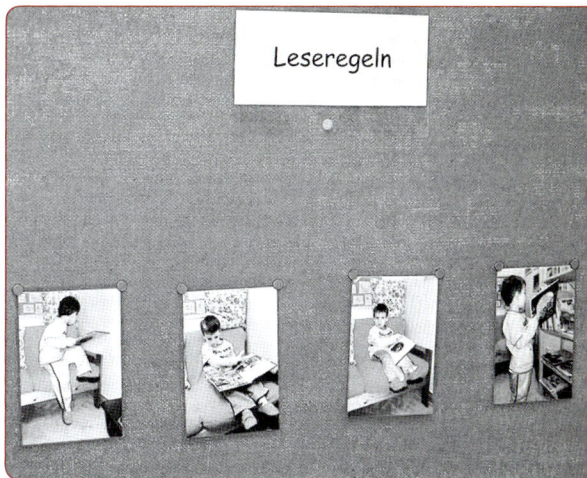

Abb. 2: Kinder lieben Vorlesesituationen   Abb. 3: Unsere Leseregeln

delnden Figuren der Geschichten aus dem Stegreif und spielen sie mit verteilten Rollen und wörtlicher Rede Szenen nach.

Es ist für uns immer wieder faszinierend zu beobachten, wie sich die Kinder mit Spaß und Freude die Literatursprache angeeignet haben, wie sie verschiedene Worte mit gleicher Bedeutung benutzen. Selbst zurückhaltenden Kindern gelingt es immer besser, ihre Scheu zu überwinden und vor der Gruppe zu sprechen.

Wie schon der Name des „klitzekleinen" Lesezimmers zeigt, haben viele Kinder sehr viel Spaß an Wortspielen und Zungenbrechern. Auch in diesem Bereich sorgen wir für immer neue Anregungen.

Bei der Auswahl der Bücher achten wir darauf, auch die Interessen und „aktuellen Themen" der Kinder zu berücksichtigen. Hierbei unterstützt uns vor allem die Vielfalt der gut sortierten Bücher in der Bibliothek.

Auch ein Kinderlexikon und andere Nachschlagewerke stehen zur Verfügung, um allein oder in der Gruppe Antworten auf anstehende Fragen zu finden, z. B.: „Wie atmet der Regenwurm unter Erde?"

Aus der Bibliothek haben wir Bücher in englischer und türkischer Sprache ausgeliehen. Daraus lesen wir Verse, Lieder, Abzählreime in diesen Sprachen vor, um zu verdeutlichen, das dieselben Sachverhalte, Personen, Eigenschaften oder Gegenstände in den verschiedenen Sprachen unterschiedlich bezeichnet werden. So kann sich ein Sprachbewusstsein entwickeln, das Interesse an verschiedenen Sprachen wird geweckt und eine Verbindung zu den Herkunftssprachen der Kindern unserer Gruppe hergestellt. Beim Lesen der Geschichten und Reime in anderen Sprachen erfahren unsere Kinder, dass auch wir Erzieherinnen ständig Weiterlernende sind.

Das „klitzekleine" Lesezimmer ist inzwischen ein beliebter Raum zum Rückzug, zum Austausch, zum Lesen und Anschauen von Büchern oder einfach nur zum Träumen geworden.

Nachdenken: Kinder mit ihren Ideen beteiligen

Durch die Einrichtung des „klitzekleinen" Lesezimmers ist es uns gelungen, mit den Kindern einen ungestörten und anregenden Platz zum Lesen von Büchern zu schaffen. Sie konnten sich mit ihren Ideen und Vorschlägen sowohl an der Planung als auch an der Einrichtung und Ausgestaltung des Zimmers beteiligen. Dadurch haben sie sich voll damit identifiziert. Sie machten die Erfahrung, dass es sich lohnt, eigene Wünsche und Interessen einzubringen. Sie erlebten exemplarisch, wie man Kompromisse aushandeln, Verabredungen treffen und Vorhaben gemeinsam umzusetzen kann.

Abb. 4: Das Lesezimmer ist heiß begehrt

Immer wieder äußern die Kinder den Wunsch, mit Büchern in das „klitzekleine" Zimmer verschwinden zu können oder sich dort etwas auszuleihen. (→ Abb. 4) Das „klitzekleine" Lesezimmer ist zu einem nicht mehr wegzudenkenden Bestandteil unseres Lebens in der Kindergemeinschaft geworden.

Im Weiteren möchten wir auch noch die Eltern stärker einbeziehen. Dabei ist es uns besonders wichtig, die Eltern nichtdeutscher Herkunft anzuregen, Verse, Abzählreime und einfache Lieder in ihrer Heimatsprache mitzubringen und den Kindern unserer Gruppe im Lesezimmer Bücher in ihrer Sprache vorzulesen.

Um das Ausleihen und Einsortieren der Bücher zu erleichtern, haben wir vor, sie mit den Kindern in „Sachgebiete" einzuteilen und mit gemalten oder fotografierten Symbolen zu kennzeichnen.

Unsere Erfahrungen zeigen deutlich, dass das Lesen von Büchern und der gemeinsame Austausch darüber einen wesentlichen Beitrag zur Sprachförderung von Kindern leistet. Und wir denken, dass unser „klitzekleines" Lesezimmer dafür eine wichtige Voraussetzung geschaffen hat.

Woher kommen die alten Scherben in unserem Garten? – Kinder erkunden die Geschichte ihrer Kita

Monika Braun-Ingrassano & Monika Koschnitzki-Schmidtke

Erkunden: Auf Spurensuche gehen

In unserer Kita – einem alten Gebäude im Berliner Stadtteil Hermsdorf – beobachteten wir fast täglich, dass Kinder beim Buddeln oder nach Regengüssen im Garten Porzellan- und Glasscherben fanden und fragten uns, wie diese denn in den Garten kämen. Auffällig war, dass es sich häufig um alte Porzellanteile handelte, z. B. Tassenhenkel oder altes Glas, die nicht aus der heutigen Zeit stammen konnten. Die Kinder fanden, dass es sich um außergewöhnliche Fundstücke handelte und fragten neugierig immer wieder nach, was es wohl sein könnte, ob es etwa ein vergrabener Schatz sei, z. B. von Piraten am See.

Da es uns ein wichtiges Anliegen ist, die Kinder mit der Geschichte des Wohnortes bekannt zu machen und ein Verständnis für historische Entwicklungen anzubahnen, nahmen wir dies zum Anlass, gemeinsam mit ihnen herauszufinden, wie diese „Schätze" in unseren Garten gekommen sind.

Abb. 1: So sah Hermsdorf früher aus

Unser erster Schritt bestand darin, dass wir beiden Erzieherinnen das nahegelegene Heimatkundemuseum besuchten, um uns über die Geschichte des Hauses und der näheren Umgebung zu informieren (→ Abb. 1). Dabei stießen wir auf hochinteressante Informationen und beschlossen daraufhin, die Fragen der Kinder aufzugreifen und gemeinsam auf Spurensuche zu gehen.

Orientieren: Interesse für Vergangenes wecken

Wir wollten die Neugierde und das Interesse der Kinder nutzen, etwas über die Geschichte unseres Hauses und über das Leben in früheren Zeiten zu erfahren. Unser Ziel war es, die Kinder mit ihren Wurzeln vertraut zu machen, ihnen Geschichte und Tradition näher zu bringen und ihnen in unserem Ortsteil Hermsdorf Gebäude mit historischer Bedeutung zu zeigen.

Gemeinsam mit den Kindern wollten wir u. a. folgenden Fragen nachgehen:

- Wer hat früher in der Kita gelebt?
- Wie sah das Haus früher aus?
- Was haben die Menschen hier gemacht?
- Sind die Scherben wertvoll?
- Wie haben die Großeltern gelebt, gespielt, gearbeitet und ihre Freizeit verbracht?
- Wie waren sie gekleidet?
- Was haben sie gegessen?
- Wo gingen sie zur Schule?
- Gibt es alte Fotos?
- Gab es schon Autos, Fernseher und Computer?
- Wer kann uns etwas von früher erzählen?

Die Kinder sollten auf diese Weise etwas über das soziale und kulturelle Leben in ihrem Wohngebiet erfahren, frühere Lebensformen und Kulturen anerkennen und achten sowie Unterschiede zwischen Vergangenheit und Gegenwart erfassen. Mit diesem Beispiel wollten wir einen Zugang zum historischen Gewordensein unserer Umwelt ermöglichen.

Handeln: Historisches Gewordensein erlebbar machen

Der Blick für Spuren der Vergangenheit wird geschärft

Als Einstieg in das Thema betrachteten wir mit den Kindern das Bilderbuch „Anna + Anna – einst + jetzt". In diesem Buch wird sehr anschaulich dargestellt, wie die heute sechsjährige Anna lebt und wie ihre Urgroßmutter Anna im gleichen Haus aufwuchs. Dieses Haus hat sich im Laufe der Zeit sehr verändert, ebenso das Familienleben. Das Buch regte die Kinder dazu an, Vergleiche anzustellen, zu erzählen, was sie von ihren Großeltern wussten. Sie wollten diese gezielt danach fragen, wie es früher war, und Kinderfotos ihrer Großeltern mitbringen.

Eine Kollegin brachte ein uraltes Fotoalbum ihrer Vorfahren mit, ebenso eine Zigarrenkiste mit alten Geldscheinen und Sammelbildern (Nudeln, Margarine usw.). Diese alten Dinge wurden von den Kindern begeistert betrachtet. Sie staunten über die vielen Geldscheine in Millionenhöhe und die scheinbar sehr reichen Vorfahren. Den Fotos entnahmen sie, dass die Menschen früher anders gekleidet waren und andere Frisuren hatten. Männer waren fast immer in Anzug oder Uniform abgebildet, Frauen in dunklen langen Kleidern mit Spitzenkragen. Auch einfache Leute sahen auf den Fotos vornehm aus. Mädchen trugen meist Zöpfe, Frauen Hochsteckfrisuren. Alte Postkarten in unserem im Heimatmuseum verwiesen ebenfalls auf den ganz anderen Kleidungsstil der Leute.

Beim Betrachten weiterer alter Fotos stellten die Kinder fest, dass das heutige Heimatkundemuseum früher die alte Dorfschule war und ganz anders aussah als die heutige moderne Grundschule nebenan. Die Kinder meinten, dass das alte rote Bachsteinhaus eine viel schönere Schule gewesen sei.

In den kommenden Wochen konnten wir immer wieder beobachten, wie der Blick der Kinder „geschärft" war für Spuren der Vergangenheit. Bei Spaziergängen in unserem Kiez hatten sie viel Spaß dabei, anhand vergrößerter Fotos alte historische Gebäude zu erkennen. Sie stellten fest, dass früher anders gebaut wurde, und fanden, dass die Häuser gemütlicher aussahen. Zum Teil waren die Wohnhäuser viel kleiner, mit winzigen Fenstern und niedrigen Türen. Wir entdeckten aber auch einige feudale Villen mit Rundfenstern, Stuckverzierungen, Säulen und Skulpturen, wie z. B. das Seeschloss.

Beim Besuch einer Buchbinderin stellte uns diese ihr Handwerk vor, zeigte uns uralte Bücher, die sie restauriert, aber auch neue Arbeiten (z. B. schön gestaltete Fotoalben). Die Kinder stellten auch hier Unterschiede zwischen alt und neu fest und staunten über das viele Gold, das sich auf den alten Büchern fand, und über die herrlich verzierten Anfangsbuchstaben. Jedes Kind band unter Anleitung der Buchbinderin ein eigenes kleines Buch und gestaltete seinen Anfangsbuchstaben mit bunten Stiften, Goldfarbe, Glimmer und Glitzer.

Durch Zufall hatten wir im Museum auch herausgefunden, dass sich auf dem Gelände unserer Kita früher eine öffentliche Badeanstalt befand, das „Fluss- und Seebad Hermsdorf". Unsere Neugier war geweckt. Wir schauten uns mit den Kindern alte Zille-Bilder an, auf denen die zeitgenössische Bademode dargestellt war. Die Kinder fanden es sehr lustig, dass die Menschen früher mit so viel Kleidung ins Wasser gingen, während sie heute meist nackt ins Planschbecken springen. Einige Kinder malten sich in alter Bademode bzw. Kleidung von früher, nachdem wir Fotos verglichen hatten.

Das Thema „Wie lebten die Menschen früher" hatte uns alle in seinen Bann gezogen.

Wir entdecken: Eine alte Dame hat als Kind hier gelebt

Bei unseren Recherchen im Archiv des Heimatmuseums hatten wir einen Brief aus dem Jahre 1992 entdeckt. In diesem beschrieb die heute 74-jährige Frau Ahrens ihre Kindheit im „Restaurant Seebad", das ihr Großvater im Jahr 1928 übernahm, eben unsere heutige Kita (→ Abb. 2 und 3). Der Brief war so anschaulich und spannend, dass wir ihn kopierten und den Kindern vorlasen.

> Frau Ahrens beschreibt in dem Brief ihre ersten acht Lebensjahre als Tochter der Restaurant-Pächter. Sie erzählt, dass ihr Opa auf dem See Fische fing, die im Restaurant für die Gäste zubereitet wurden. Auf Klingelzeichen holte er mit seinem Kahn Gäste vom gegenüberliegenden Ufer herüber, die häufig den leckeren Streuselkuchen ihrer Mutter gegessen haben. Auf dem Grundstück lebten mehrere Generationen unter einem Dach zusammen und es gab verschiedene Tiere wie Ziegen, Pferde, Kaninchen usw. Ein großer Obst- und Gemüsegarten versorgte die Bewohner und Gäste. Unter anderem wurden hier Champignons geerntet. Auf dem Grundstück gab es einen Eiskeller, der im Winter mit Eisblöcken vom See bestückt wurde und das ganze Jahr als „Kühlschrank" diente. Im Gebäude befand sich ein prächtiger Tanzsaal, eine Kegelbahn, ein Kino und ein Schankraum. Bei schönem Wetter konnten die Gäste im Garten unter den alten Kastanien sitzen. Diese reisten entweder mit Pferdekutschen an oder mussten einen weiteren Fußweg von der Bahn bewältigen.

Abb. 2: Das ehemalige Restaurant Seebad

Abb. 3: Unsere Kita heute

Die Kinder waren von dem Brief so beeindruckt, dass sie fragten, ob die Frau Ahrens uns nicht mal besuchen könnte. Wir versuchten unser Glück, riefen unter der im Brief angegebenen Telefonnummer an und fanden zu unserer Freude heraus, dass die Dame noch lebt, inzwischen aber weit entfernt im Süden Berlins wohnt. Zu einem Besuch war sie grundsätzlich bereit, aus gesundheitlichen Gründen jedoch vorerst nicht in der Lage, die lange Anreise zu bewältigen. In den kommenden Wochen gab es häufige telefonische Kontakte mit zahlreichen Informationen und einige Verabredungen, die immer wieder verschoben werden mussten. Nach mehreren geplatzten Terminen beschlossen die Kinder, ihr mit Unterstützung der Hortkinder einen Brief mit ihren Fragen zu schreiben.

Kinder erkunden die Geschichte ihrer Kita   25

Liebe Frau Ahrens,

wir haben gehört, dass Sie als Kind hier in unserer Kita gewohnt haben, und würden uns sehr freuen, wenn Sie uns ein paar Fragen beantworten könnten.

- Was gab es im Restaurant zu essen?
- Wie sah es bei ihnen aus?
- Hatten sie eigentlich Zeit zum Spielen?
- Welche Spielsachen hatten Sie?
- In welchen Räumen haben Sie gelebt?
- Wie viele Familienmitglieder haben hier gewohnt?
- Wo war der Eisschrank?
- Ist das Eis geschmolzen?
- Wenn nein, warum nicht?
- Wie kamen die Gäste zu Ihnen?

Es wäre sehr schön, wenn sie uns in der Kita besuchen oder uns zurück schreiben würden.

Viele Grüße von den Kitakindern

Höhepunkt unserer „historischen Forschungen":
Besuch der Zeitzeugin Frau Ahrens

Dieser Brief hatte Frau Ahrens offensichtlich so berührt, dass sie die Mühe der weiten Anfahrt auf sich nehmen wollte und ihren Besuch ankündigte. Nun wurden die Kinder aktiv. Sie wollten den Gast gebührend empfangen und verwöhnen. Vormittags wurde ein Kuchen gebacken, natürlich ein Streuselkuchen, und wie damals deckten die Kinder im Grünen liebevoll den Tisch. Für den Gast wurde ein bequemer Stuhl bereitgestellt und als Tischdekoration pflückten sie Wildblumen im Garten.

Endlich erschien Frau Ahrens. Die Kinder stellten sich vor und begleiteten den Gast an die Kaffeetafel (→ Abb. 4).

Zu Beginn saßen zehn Kinder zwischen drei und sechs Jahren mit am Tisch. Später gesellten sich auch die Schulkinder dazu und fragten der alten Dame „Löcher in den Bauch". Geduldig antwortete sie, er-

Abb. 4: Besuch der alten Dame

zählte sehr anschaulich und lebendig von ihrer Kindheit an diesem Ort, frischte alte Erinnerungen auf und fühlte sich sehr wohl. Sie hatte sich auf den Besuch sehr gut vorbereitet, die Fragen der Kinder z. T. schon schriftlich beantwortet, brachte ihnen ein Buch über alte Spiele und ein Gummitwist-Band mit. Uns überreichte sie als Gastgeschenk eine Chronik der „Gaststätte Seebad" von 1888 bis 1951.

Der Nachmittag war für alle Beteiligten sehr interessant und ergreifend. Die Kinder erkannten offensichtlich die Bedeutung dieser Begegnung, verhielten sich sehr höflich und respektvoll und lauschten begeistert den Erzählungen. Die Vorstellung, dass diese Frau früher an diesem Ort gespielt und mit ihrem Blechauto durch den Garten gefahren ist, beeindruckte alle.

Die Kinder interessierten sich unter anderem brennend für den Eiskeller und wollten genau wissen, an welcher Stelle im Garten er sich befunden hatte. Die Information, dass im Winter große Eisblöcke aus dem See gesägt und in den Keller gebracht wurden, beschäftigte sie lange und sie rätselten, wie man aus den großen Blöcken kleine Eiswürfel herstellen konnte, ob das Wasser auch sauber genug war, damit diese in die Getränke gegeben werden konnten. Frau Ahrens erklärte geduldig, dass die Blöcke nur zur Kühlung in den Keller kamen, nicht zum Verzehr bestimmt waren. Allerdings zeigte sie sich entsetzt über die Wasserverschmutzung. Früher war das Wasser nach ihrer Aussage so klar, dass man bis auf den Grund sehen konnte und die Bewohner Gemüse und Obst im See abspülten. Sie berichtete ferner, dass der See fast zugewachsen war und nur eine schmale Fahrrinne für die Kähne frei war. Die Kinder staunten und waren voller Interesse.

Es wurde auch deutlich, dass die Familien früher nicht wie heute in den Urlaub fuhren, sondern an schönen Sommertagen mit „Kind und Kegel" einen Ausflug ins „Grüne" machten. Für die Berliner war das „See- und Flussbad Hermsdorf" ein sehr beliebtes Ausflugsziel. Selbst Fontane besuchte das Restaurant und erwähnte es in seinem „Fontanes Führer durch die Umgebung Berlins" von 1893.

Bei einer anschließenden „Hausbesichtigung" konnte sie uns genau sagen, was in den einzelnen Räumen früher war. So war z. B. der Gruppenraum der Kinder früher der Ballsaal. Und es gab auch eine Kegelbahn. Zum Abschluss konnte sie zu ihrer großen Freude noch ihre alte Wohnung im ehemaligen Restaurant ihrer Großeltern besichtigen, die sich natürlich sehr verändert hat

Der Besuch an ihrem Geburtsort beschäftigte die alte Dame so stark, dass sie uns bereits am kommenden Vormittag weitere telefonische Informationen zukommen ließ.

Wir waren alle glücklich, dass der Kontakt mit Frau Ahrens zustande gekommen war und dachten, dass dies nicht das letzte Treffen war. Tatsächlich überraschte sie uns einige Wochen danach mit einem weiteren Besuch und beschenkte die Kinder mit Spielsachen. Für sie waren die Besuche ein Ausflug in ihre Kindheit, die sie sehr schön und harmonisch fand, wie sie den Kindern immer wieder beteuerte. Nach ihren Worten war sie Jahrzehnte nicht mehr hier gewesen und hatte anfangs große Bedenken und Ängste, ob sie der Situation und unseren Kindern gewachsen sei. Umso glücklicher war sie über die Begegnung und unsere „lieben Kinder".

Nachdenken: Was uns begeistert hat und wie es weitergeht

Die Beschäftigung mit der Geschichte unserer Kita hat Kinder und Erzieher gleichermaßen begeistert. Eltern, Kollegen und Nachbarn waren sehr interessiert und nahmen regen Anteil. Wir erhielten viel Unterstützung in Form von Informationen, mitgebrachten alten Gegenständen, alten Fotos usw.

Das Heimatmuseum war sehr kooperativ, indem es uns z. B. den Zugang zu dem für die Öffentlichkeit nicht zugänglichen Archiv gestattete, in dem wir den besagten Brief, alte Fotos und Zeitungsausschnitte fanden und kopieren durften.

Ursprünglich hatten wir das Projekt mit Kindern im Alter von drei bis sechs Jahren geplant. Als jedoch die Hortkinder ein Gartenbeet bearbeiteten und wir sie baten, „Fundstücke" für unsere Scherbensammlung abzugeben, war ihr Interesse sofort geweckt und sie wollten gerne mitmachen. Ihre Teilnahme wirkte sich sehr positiv und bereichernd aus, da sie z. B. in den Briefkontakt mit Frau Ahrens traten.

Wir konnten uns viel Wissen über frühere Zeiten aneignen und stießen während unserer historischen Erkundungen immer wieder auf neue Fragen und neue Lebensbereiche, die wir noch erkunden können und mit denen wir uns künftig gern beschäftigen werden.

Im Heimatmuseum interessierten sich die Kinder sehr für ein Modell des früheren „Fließtales" (Urstromtal/erste Besiedlung). Zu sehen waren Modelle von Jägern, Tieren, Zelten aus der Steinzeit. Im Garten des Heimatmuseums stehen reetgedeckte Hütten aus grauer Vorzeit. Auch die Darstellung von Kämpfen aus der Ritterzeit faszinierte die Kinder sehr, ebenso die Ausstellung über frühere Berufe, wie Schmied, Schuster, Sattler u. a. Es wäre interessant, in der Geschichte des Ortes Hermsdorf immer weiter zurückzublicken, die historische Gewordenheit unseres heutigen Lebens weiter zu erforschen.

Da die Geschichte der „Seestraße 14" auf breites Interesse stieß, planen wir, die gewonnenen Informationen Eltern, den Bewohnern im Umfeld und allen Interessierten zugänglich zu machen. Dazu wollen wir im Eingangsbereich und Treppenhaus unseres Kindergartens eine Ausstellung gestalten, zu der wir alle herzlich einladen.

Warum Zähneputzen so wichtig ist – und wie man es richtig macht

Ute Reinhardt

Erkunden: Zuviel Süßigkeiten schaden

In unserem Kindergarten leben und lernen 65 Kinder im Alter von ein bis sechs Jahren. Ich bin für die fürsorgliche Betreuung und Förderung der allseitigen Bildung der zwei- bis dreijährigen Kinder verantwortlich. Unsere pädagogische Aufgabe ist es, durch zielgerichtetes Beobachten herauszufinden, welche Interessen, Probleme und aktuellen Fragen die Kinder beschäftigen und welche Themen sie interessieren. Wir Erzieherinnen knüpfen daran an und regen sie an, sich in vielseitigen eigenen Aktivitäten neue Erfahrungen und Wissen anzueignen.

In Gesprächen über die Lebenssituationen der Kinder bemerkte ich, dass das Interesse von Eltern an einer gesundheitsbewussten Lebensweise steigt. Andererseits verweisen Berichte und Statistiken darauf, dass in Deutschland viele Kinder, Männer und Frauen zu dick sind, sich zu wenig bewegen, sich insgesamt eher ungesund ernähren und ihr körperliches Bewusstsein nur wenig ausgeprägt ist. In diesem Zusammenhang ist mir beim näheren Beobachten aufgefallen, dass einige Kinder (oft schon vor dem Frühstück) viele Süßigkeiten verzehren und ihren Gesprächen entnahm ich, dass dies für sie auch ein Thema war: „Was hast du da im Mund?"; „Gib mir auch!"; „Ich soll keine Süßigkeiten essen"; „Sind Gummibärchen, Bonbons und Schokolade gesund?"; „Machen Bonbons die Zähne kaputt?"

Wie wir aus der Fachliteratur wissen, prägen sich Grundhaltungen zu einem gesundheitsbewussten Leben und damit auch zum eigenen Körper sehr früh aus. Ich beschloss, diese Fragen und das Interesse der Kinder aufzugreifen und mich mit ihnen längerfristig mit dem Thema „Zähneputzen ist wichtig – warum und wie?" zu beschäftigen.

Orientieren: Verständnis und Erfahrungen zur Zahnpflege vertiefen

Uns kam es darauf an, die Mädchen und Jungen anzuregen, sich durch eigenaktives Tun – gesunde Ernährung und regelmäßige Pflege – erste Kenntnisse und Erfahrungen anzueignen, wie man die Zähne gesund erhalten kann.

Wir wollten die Kinder dazu anregen und zielgerichtet unterstützen,

- Lust und Freude am Zähneputzen zu entwickeln, auch an der Zahnputzmethode „KAI" (Kauflächen, Außenflächen, Innenflächen), und ihre körperliche Geschicklichkeit und Koordination zu stärken

- Sich anderen sprachlich mitzuteilen, sich in Gespräche einzubringen und von ihren Erlebnissen und Erfahrungen zu berichten: z. B. „Ich war schon beim Zahnarzt"; „Meine Mutti ist Zahnarzthelferin"
- Interesse an Büchern und Geschichten zu entwickeln
- Sich beim Zähneputzen gegenseitig wahrzunehmen: „Sind deine Zähne schon sauber?"
- Sich neue Kenntnisse anzueignen: z. B. Was gehört alles zum Mund?
- Neue Begriffe zu lernen und anzuwenden, wie z. B. Milchgebiss, Oberkiefer, Unterkiefer, Schneidezähne, Backenzähne, Zahnpflege
- Ein erstes Grundverständnis über Körperfunktionen zu entwickeln: Wozu brauchen wir unsere Zähne?
- Unterschiede und Gemeinsamkeiten differenziert wahrzunehmen, z. B.: Was ist bei den älteren Kindern anders als bei uns – Zahnlücken, Wackelzähne – und was ist gleich?
- Freude am Forschen, Entdecken, Experimentieren zu entwickeln (z. B. bei der Herstellung einer eigenen Zahnpasta) und die Erfahrungen mit anderen zu teilen
- Sich Informationen von Experten, wie z. B. der Zahnputzschwester, dem Zahnarzt sowie aus Medien und Büchern zu holen.

Handeln: Vielseitige eindrucksvolle Erlebnisse ermöglichen

Interesse an der Zahnpflege wecken

Da die Mädchen und Jungen sehr gerne Bilderbücher anschauen und es lieben, Geschichten vorgelesen zu bekommen, machte ich sie mit dem der Geschichte „Vom Jörg, der Zahnweh hatte" (Künzel/Schmidt, Kinderbuchverlag, Berlin 2004) bekannt. Dabei offenbarten sich ihnen – nicht zuletzt durch die anschaulichen Bilder – die Zusammenhänge zwischen einer gesunden Lebensweise, dem regelmäßigen Zähneputzen, dem Besuch beim Zahnarzt und gesunden, schmerzfreien Zähnen. Kurz: Ihr Interesse an einer gesunden Zahnpflege war geweckt.

Die Kinder wollten nun über sich und ihre Erlebnisse erzählen und immer mehr über das Thema Zähne und Zähneputzen erfahren. Alle wichtigen Fragen haben wir gesammelt:

- Wozu brauchen wir unsere Zähne?
- Wer putzt zu Hause seine Zähne?
- Wie sieht deine Zahnbürste aus?
- Was können wir tun, damit unsere Zähne gesund bleiben?
- Wer war schon einmal beim Zahnarzt?

Gemeinsam überlegten wir, wer unsere Fragen beantworten, welche „Experten" uns weiterhelfen könnten? Erste Ideen hierzu waren: Bücher anschauen sowie die Zahnputzschwester und den Zahnarzt fragen.

Die Zahnputzschwester kommt zu Besuch

Die Zahnputzschwester kam unserer Bitte nach einem Besuch gerne nach und mit dem „Kroko" konnten die Kinder viel über das Milchgebiss erfahren (→ Abb. 1). Daraufhin befühlten sie ihre kleinen Zähne ganz bewusst, betrachteten sie im Spiegel und erzählten den anderen selbstbewusst, was alles zum Mund gehört und wozu wir unsere Zähne brauchen.

Die Schwester machte die Mädchen und Jungen auch mit der Putzmethode KAI (Kauflächen, Außenflächen, Innenflächen) vertraut. Beim gemeinsamen Zähneputzen übten sie die Koordination des Bewegungsablaufes mit der Zahnbürste und waren begeistert bei der Sache.

Abb. 1: Die Zahnputzschwester erklärt alles ganz genau

Reime und Lieder zum Zähneputzen, wie z. B. „Hin und her, Zähneputzen ist nicht schwer" weckten die Lust, spielerisch diese Putzmethode zu üben.

Nach dem Besuch der Zahnputzschwester regten wir die Jungen und Mädchen dazu an, den anderen mithilfe eines Plakats zum Zähneputzen von ihren Erfahrungen zu „erzählen". Wir überlegten, was gehört zum Zähneputzen, was soll auf das Plakat?

Eifrig suchten die Kinder alles Mögliche zusammen – Zahnputzbecher, Zahnbürste, Zahnpasta und ein Bild mit der Putzmethode KAI. Sie brachten ihre eigenen Vorschläge mit ein und gemeinsam wurde das Vorhaben verwirklicht. Anschließend suchten sie einen Platz im Bad für das Plakat aus, damit sie beim täglichen Zähneputzen die Möglichkeit haben, es sich anzuschauen und anderen ihre Erfahrungen mitzuteilen.

Zahnlücken und Wackelzähne

Durch das Plakat kamen die Vorschulkinder auf den Gedanken, den Jüngeren doch mal ihre Zahnlücken und Wackelzähne zu zeigen (→ Abb. 2). Gespannt lauschten die Kleinen den Berichten der Großen, als sie ihnen erzählten, dass Zähne herausfallen, wenn man bald in die Schule kommt. „Das ist zwar doof, aber daran merkt man, dass man bald Schulkind ist. Man braucht keine Angst zu haben, denn es wachsen auch wieder neue Zähne." So lernten die Jüngeren von den Älteren, sie beobachteten, hörten zu und versetzten sich in die Perspektive der „zahnlosen" Vorschulkinder. Diese gaben stolz ihre Erfahrungen und ihr Wissen weiter und regten dadurch die Jüngeren wieder zu neuen Überlegungen an.

Wir stellen Zahnpasta her

Alle Kinder wussten, Zahnpasta kann man überall kaufen. Aber vielleicht kann man sie auch selber herstellen. Ob „groß" oder „klein", alle hatten Lust, Neues auszuprobieren und selbst etwas zu machen. Zuerst wurde in der einschlägigen Literatur gemeinsam mit den Kindern nach einem geeigneten Rezept gesucht. So erlebten die Kinder, dass auch ihre Erzieherinnen vieles nicht wissen und ebenfalls Lernende sind.

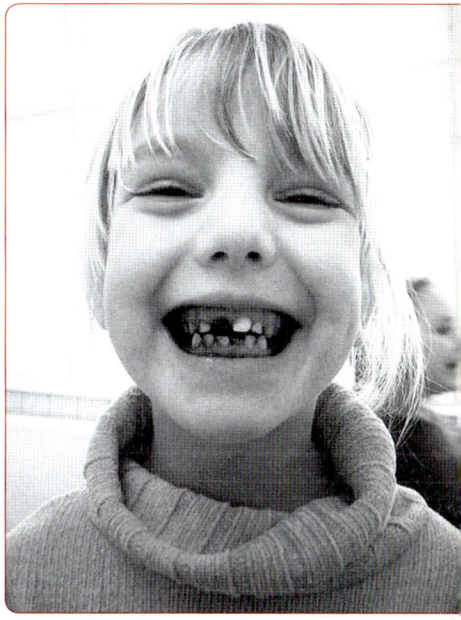

Abb. 2: Stolz wird die Zahnlücke präsentiert

Pfefferminz-Zahnpasta selbstgemacht

- 1 Esslöffel getrocknete Pfefferminze
- 2 gehäufte Esslöffel gereinigte Schlemmkreide
- 2 Esslöffel Milchzucker
- 1 Esslöffel Kieselerde
- 3 Esslöffel Glycerin
- 3 Tropfen Eukalyptusöl

Zum Aufbewahren ein gut verschließbares Gefäß nehmen.

(Aus: Kindergartenkalender 1991, S. 41, Velber Verlag GmbH/Christophorus Verlag GmbH & Co. KG)

Als die älteren Kinder alle Zutaten eingekauft hatten, ging es los: Kräuter wurden gesiebt, Kieselerde und Milchzucker abgemessen, Schlemmkreide und Glyzerin untergerührt und Eukalyptusöl dazu geträufelt. Konzentriert und ausdauernd verfolgten die Kinder das Ziel, Zahnpasta selbst herzustellen und sie nahmen diese spannende Aktion mit allen Sinnen – Sehen, Hören, Riechen, Schmecken, Tasten – wahr. Stolz putzten sich alle mit ihrer hergestellten Zahnpasta ihre Zähne.

Gesunde Lebensmittel

Auch unsere Köchin unterstützte uns bei unserem Vorhaben und ging mit den Kindern in Katalogen auf die Suche nach gesunden Lebensmitteln. Dabei entstanden zwei Collagen, eine zur gesunden und eine zur ungesunden Ernährung, die nun für alle Kinder sichtbar unserer Restaurant schmücken.

Besuch beim Zahnarzt

Abschließend besuchten wir einen Zahnarzt in der Nähe unserer Kita, der sehr an seinen vielleicht zukünftigen Patienten interessiert war. In der Zahnarztpraxis konnten durch den freundlichen Zahnarzt und seiner Assistentin viele Fragen der Kinder aufgeklärt werden:

- Wie sieht ein Wartezimmer aus?
- Wer arbeitet beim Zahnarzt?
- Wie groß ist der Behandlungsstuhl?
- Wozu braucht der Zahnarzt einen kleinen Spiegel?
- Wie summt der Bohrer?
- Woher kommt der „Pustewind" beim Zahnarzt?

Viele neue Geräte gab es zu entdecken. Der Zahnarzt und die Zahnarzthelferein zeigten und erklärten den Kindern alles ganz genau und geduldig (→ Abb. 3). So konnten sie im wirklichen Leben viele neue Eindrücke und erste Erfahrungen sammeln, da noch längst nicht alle Kinder in einer Zahnarztpraxis waren. Vielleicht konnte ihnen auch die Angst davor etwas genommen werden.

Unter Mitwirkung der Kinder dokumentierten wir das gesamte Projekt in Bild und Schrift. So konnten die Eltern unser Vorhaben verfolgen und die Kinder hatten die Möglichkeit, sich die Fotos immer wieder anzuschauen, sich untereinander auszutauschen und sich über Erlebtes zu verständigen.

Nachdenken: Die Eigenaktivität der Kinder unterstützen

Ich konnte beobachten, dass die Kinder mit Lust, Neugier und Engagement an allen Aktivitäten teilgenommen haben. Für mich bestätigte sich erneut die in der Theorie vielfach beschriebene Erkenntnis, dass sich Kinder, insbesondere die Krippenkinder, neue Erfahrungen und neues Wissen aneignen, wenn sie selbst tätig sein und mitmachen können (→ Abb. 4).

In der gemeinsamen Arbeit mit den älteren Kindern zeigte sich, wie gern und wie gut sich die Jüngeren und Älteren mit ihrem Wissen, ihren Erlebnissen und Erfahrungen einbringen konnten. Für mich war es interessant, wie Kinder in einer Kindergemeinschaft voneinander lernen. Sie übernehmen Verantwortung für sich und für andere.

Gemeinsam wurden die Ideen und Vorschläge der Kinder umgesetzt, so lernten sie, dass sie selbst etwas in der Kindergemeinschaft bewirken können.

Besonders erlebnisreich war der Besuch von bzw. bei Experten für die Zahnpflege, die den Jüngsten ihr Wissen anschaulich und kindgemäß weitergaben und zum gesundheitsbewussten Handeln anregten.

Bewährt hat sich in der Altersstufe zwei- bis dreijähriger Kinder, ihre Erlebnisse auf Fotos zu dokumentieren. Dadurch werden sie immer wieder angeregt, sich darüber zu unterhalten und sich auf diese Weise sprachlich weiter zu entwickeln.

Durch die fachlich fundierte Dokumentation zum Thema Zähneputzen ist mir als Erzieherin und auch den Eltern noch bewusster geworden, dass je mehr Eigeninitiative und Selbstbestimmung wir den Kindern zugestehen, desto mehr Erfahrungen und Kompetenzen sie sich aneignen können.

Deutlich war zu spüren, dass damit auch die Wertschätzung der Eltern unserer Arbeit steigt. Das Lernen mit- und voneinander, das Entdecken von Neuem, das Ausprobieren und Erkunden hat allen Beteiligten großen Spaß und Freude bereitet, so dass wir uns schon auf unser nächstes Projekt freuen.

Abb. 3: Wie sieht ein Zahn von innen aus?

Abb. 4: Die eigenen Zähne werden inspiziert

Was ist ein Denkmal? –
Auf den Spuren der Geschichte eines Bahnhofs

Jeannette Börner & Sabine Kretschmann

Erkunden: Was wir noch gar nicht wussten

Die Mädchen und Jungen in unserer Kindergruppe – 25 Kinder im Alter von drei bis sechs Jahren – spielten schon immer gern mit der Eisenbahn. Irgendwann begannen sie, den nahe gelegenen S-Bahnhof „Prenzlauer Allee" nachzubauen. Wenn wir auf unseren Spaziergängen die S-Bahnbrücke der Prenzlauer Allee überquerten, war es für die Kinder wie immer interessant und spannend, auf die heranfahrenden Züge zu warten. Sie hatten offenbar auch einen Bezug zu dem Bahnhof, was sichtbar wurde in Äußerungen wie: „Das ist mein Bahnhof" oder „Und der von meinem Papa auch". Nun fragten wir einmal genauer, wie denn der Bahnhof heißt und was daran besonders schön wäre. Dabei stellten wir fest, dass kein Kind den Namen des Bahnhofs kannte und ihnen die Besonderheit dieses historischen Gebäudes im Vergleich mit dem angrenzenden neu gebauten Bürokomplex nicht richtig bewusst war.

Abb. 1: Bahnhof Prenzlauer Allee

Auch wir Erzieherinnen fragten uns, was es mit der historischen Gewordenheit des Bahnhofes auf sich hat. Warum steht er unter Denkmalschutz? Das am Bahnhof angebrachte Symbol hatten wir selbst auch noch nicht bewusst wahrgenommen. Obwohl wir im Berliner Stadtbezirk Prenzlauer Berg geboren sind und hier leben, wissen wir doch wenig über diesen Stadtteil.

Wir wollten den Blick der Kinder und auch unseren eigenen auf das Kulturerbe in unserem unmittelbaren Umfeld schärfen. Also entschlossen wir uns, gemeinsam mit den Kindern auf Erkundungstour zur Geschichte des S-Bahnhofs zu gehen. Im Sinne des Situationsansatzes waren wir somit Lehrende und Lernende zugleich. Wir orientierten uns in unserem Vorhaben insbesondere an dem konzeptionellen Grundsatz 3: „Erzieherinnen analysieren, was Kinder können und wissen und was sie erfahren wollen. Sie eröffnen ihnen Zugänge zu neuem Wissen und neuen Erfahrungen, die für ihr Aufwachsen von Bedeutung sind." (Preissing/Heller 2009, S. 15)

Orientieren: Verständnis für historische Kulturgüter entwickeln

Unser Hauptanliegen war es, gemeinsam mit den Kindern die Frage zu klären: „Warum steht der S-Bahnhof Prenzlauer Allee unter Denkmalschutz und was bedeutet das?" Mit diesem Beispiel wollten wir die Kinder in ihren Kompetenzen fördern und sie darin unterstützen:

- Neugierig und offen zu sein für Informationen über die historische Entwicklung unseres Stadtbezirks
- Verständnis dafür zu entwickeln, wie wichtig es ist, alte Kulturgüter zu erhalten und zu pflegen
- Sich an den Erkundungen interessiert zu beteiligen, sich mit anderen über eigene Ansichten zu verständigen, anderen zuhören
- Begriffe zu bilden und zu verstehen, wie z.B. „Vergangenes", „Altes" und „Neues", „Denkmalschutz", „Denkmalpflege", „Sanierung", „Ringbahn" usw.
- Gemeinsamkeiten und Unterschiede zu erkennen, z.B. „Alter S-Bahnhof Prenzlauer Allee", „Neuer S-Bahnhof Greifswalder Straße"
- Verständnis für die historische Gewordenheit ihres Stadtbezirks zu entwickeln
- Gezielt verschiedene Informationsquellen über den S-Bahnhof und den Bezirk zu nutzen.

Nicht zuletzt sollte damit auch die Identifikation mit dem eigenen Umfeld unterstützt werden.

Handeln: „Altes" und „Neues" im Stadtteil entdecken

Warum ist das ein alter Bahnhof?

Auf unserem nächsten Spaziergang zum S-Bahngebäude Prenzlauer Allee lenkten wir natürlich bewusst die Aufmerksamkeit der Kinder auf das Schild zum Denkmalschutz: Warum ist dort dieses Schild angebracht?

Jeannette erzählte den Kindern, dass sie es bisher auch nicht gewusst, aber im Internet recherchiert und herausgefunden habe, dass der Bahnhof schon 116 Jahre alt sei und zu den wenigen im Original erhaltenen Ringbahnhöfen gehöre. Damit man heute noch sehen könne, wie schön er früher vor hundert Jahren ausgesehen habe, sei er vor einigen Jahren wieder original hergestellt, „saniert" worden. Da er nun unter Denkmalschutz stünde, würde er hoffentlich auch zukünftig noch genauso erhalten werden.

Woran kann man erkennen, dass es ein alter Bahnhof ist? Die Kinder waren nun angesteckt und neugierig darauf, im Bahnhofsgebäude alte Baumerkmale zu entdecken (→ Abb. 2). In der Bahnhofshalle stießen die Kleinen und Großen voller Bewunderung sofort auf den schön verzierten alten Deckenleuchter und staunten über die großen

Fenster. Aufgeregt stiegen sie die Treppe mit dem alten Treppengeländer hinauf, und besuchten den Fahrkartenschalter, den ja einige aus eigener Erfahrung mit ihren Eltern kannten.

Auf dem Bahnsteig angekommen stellten wir gemeinsam fest, dass die Stützen aus Eisen gebaut sein müssen und das Dach aus Holz. Jeannette erzählte den Kindern, dass die großen Stützen, die das Dach tragen, in Berlin nur noch selten zu finden sind. Die Kinder befühlten die raue Oberfläche und liefen um die Stützen herum.

An diesem Beispiel war gut zu erkennen, wie notwendig es ist, alte Bauwerke im Original zu erhalten, so dass auch künftige Generationen sehen können, wie man früher gebaut hat. Die Kinder erfuhren, dass es den Denkmalschutz gibt, um Baudenkmäler zu erhalten und zu verhindern, dass diese abgerissen und vernichtet werden.

Abb. 2: Hier gibt es viel Altes zu entdecken

Dann beobachteten sie die einfahrenden Züge und wollten diese unbedingt noch einmal aus der ihnen bereits bekannten anderen Perspektive von der Brücke aus betrachten. Ihr Blick für das „alte" war bereits geschärft, denn einigen fiel sofort auf, dass auch das alte schöne verzierte Brückengeländer durch die Sanierung erhalten war.

Als wir uns nun noch einmal die alte Fassade der Eingangshalle ansahen und mit dem neu gebauten Bürokomplex seitlich des Bahnhofes verglichen, erkannten die Kinder schnell den Unterschied zwischen „alt" und „neu", so etwa, dass der alte Bahnhof aus Klinkersteinen und anderen Steinen gebaut und mit schönen Rundbögen und Giebeln verziert ist, während für den Bau des neue Bürogebäudes viel Glas verwendet und es mit einer glatten Fassade versehen wurde. Erfüllt von vielen neuen Eindrücken gingen wir wieder in unsere Kita.

Und das ist ein neuer Bahnhof

Der nächste Beobachtungsgang führte uns zum modernisierten S-Bahnhof „Greifswalder Straße". Seine neue Fassade und die moderne Gestaltung veranschaulichte den Kindern, welche Unterschiede es zwischen alten und neuen Bahnhöfen gibt. Es machte ihnen großen Spaß, dies zu erkunden und zu benennen: Sie entdeckten: „Fahrkartenschalter und ein Obstladen", „Telefone und Zigaretten", was es aber auch im alten Bahnhof gab, im Gegensatz zu dem Zeitungsgeschäft, dem Bäcker sowie dem Geldautomaten. Diese Dinge hatte es dort nicht gegeben.

In einem Schaukasten entdeckten wir das Streckennetz der S-Bahn. Neele wusste gleich: „Das ist ein Stadtplan, damit man weiß, in welchen Zug man einsteigen muss." Anhand des Netzplanes konnten wir den Kindern das Prinzip der Ringbahn gut verdeutlichen. Dann wollten sie natürlich auch wieder auf den Bahnsteig. Sie staunten, dass wir diesmal nach oben gehen mussten und der Bahnsteig auf der Brücke war. Es machte ihnen sichtlich Freude, auf die Straßenbahnen herunter zu schauen und auch die Brücke des Bahnhofs Prenzlauer Allee von dort aus sehen zu können.

Auf dem Rückweg zur Kita fiel den Kindern in der Erich-Weinert-Straße das Denkmalschutz-Schild an einem Gebäude der Berliner Wasserbetriebe auf. Sie erkannten die Klinkerbauweise vom S-Bahnhof wieder und bewunderten den hohen Schornstein und das schöne Gebäude, das vor genau 100 Jahren gebaut wurde.

Wir wollten noch mehr erfahren

In der von uns schon sehr oft besuchten nahe gelegenen Bibliothek wollten wir etwas über die Geschichte von Berlin und den Bezirk Prenzlauer Berg erfahren. Auf dem ausgestellten Stadtplan konnten die Kinder sehen, wie groß Berlin ist und wo genau unsere Kita liegt. Wir fanden auch Bücher über die S-Bahn, die wir uns ausliehen. Sowohl die Älteren als auch die Jüngeren waren fasziniert von den vielen anschaulichen Bildern der historischen S-Bahnzüge und Bahnhöfe. Sie konnten es kaum glauben, wie die Züge damals aussahen. Auch „ihren" S-Bahnhof fanden sie in den Büchern wieder.

Das Leben der Kinder wird interessanter

Die Erlebnisse und erworbenen Kenntnisse spiegelten sich sofort in den Gesprächen der Kinder und in ihren Spielen wider. So gestalteten einige der älteren Mädchen und Jungen in der neu entstandenen „Schienenecke" gemeinsam eine Pinnwand mit den Fotos der Beobachtungsgänge und bereicherten sie mit ihren Malarbeiten (→ Abb. 3). Da wir den Kindern noch zusätzliches Spielmaterial (Holzeisenbahn) zur Verfügung stellten, konnten sie die Schienenstränge aufbauen und besorgten sich selbst entsprechendes Zusatzmaterial.

Auch den Streckenplan der S-Bahn brachten wir an der Pinnwand an und markierten unsere beiden Bahnhöfe mit roten Pfeilen. So fanden die Kinder „ihre" Bahnhöfe leicht wieder. Deniz fuhr immer wieder mit dem Finger die Strecke der Ringbahn ab. Dann sagte er zu Fynn: „Guck mal, sieht aus wie 'ne Sonne" und zeigte dabei auf die die Ringbahn kreuzenden Bahnstrecken. „Stimmt – hier die Kreisbahn und da die Strahlen", meinte Fynn.

Gleichzeitig gestalteten wir die Ergebnisse unserer Erkundungen auf unserer Dokumentationswand im Flur, was die Kinder immer wieder zu Gesprächen anregte und auch die Eltern an den Erlebnissen und Erfahrungen ihrer Kinder teilhaben ließ.

Zum Abschluss besuchten wir das Heimatmuseum in der Prenzlauer Allee, in dem gerade eine Ausstellung zum Thema „Wasserturm" und „Geschichte der ehemaligen Gemeindedoppelschule" zu besichtigen war. Die Kinder waren erstaunt zu erfahren, dass dort, wo heute viele Wohnhäuser stehen, vor fast 200 Jahren nur Windmühlen standen. Fasziniert waren sie auch von der Tatsache, dass es zu dieser Zeit weder Autos noch Straßenbahnen gab. Wir betrachteten gemeinsam die Fotos vom alten Wasserturm und beschlossen, ihn uns nun auch im Original anzusehen.

Abb. 3: Kinder dokumentieren ihre Beobachtungen und Erfahrungen

Die Kinder stellten fest, dass er noch genau so aussieht wie auf den gerade gesehenen Fotos. Anschließend suchten wir um den dicken Wasserturm herum nach einem Denkmalschutz-Schild – allerdings vergeblich. Dafür entdeckte Leon ein solches voller Stolz auf dem Rückweg zur Kita an der Gartenmauer der Immanuelkirche.

Nachdenken: Das war interessant und hat Spaß gemacht

Mit dem Projekt ist es uns gelungen, den Erfahrungshorizont und den Wortschatz der Kinder zu erweitern. Nach Aussagen der Eltern ist das Wort „Denkmalschutz" zum wichtigsten Wort geworden. Auf den zweiten Platz kam das Wort „Ringbahn", welche die Kinder ihren Eltern gern auf jedem Streckenplan zeigten.

Darüber hinaus konnte bei den Kindern auch ein erstes Verständnis dafür geweckt werden, dass es sich beim S-Bahnhof Prenzlauer Allee um einen sehr alten Bahnhof handelt, der geschützt wird, um ihn für uns und die Nachwelt zu erhalten. Sie haben auch erlebt und erfahren, dass es mehrere Gebäude in ihrem Umfeld gibt, die unter Denkmalschutz stehen, dass es wichtig ist, diese zu pflegen und was sie selbst dazu beitragen können (z. B. keine Wände zu bemalen, nichts zu zerstören oder achtlos Müll wegzuwerfen).

Die Neugierde der Kinder auf historische Gebäude wurde geweckt und sie sind interessiert, noch mehr über ihren Bezirk zu erfahren. Durch unsere Beobachtungsgänge haben sie auch gelernt, sich im Stadtbezirk zu orientieren. Die Kinder wissen jetzt immer ganz genau, „wo es lang geht"!

Auch für uns Erzieherinnen war es interessant, mit den Kindern auf diese Erkundungstour zu gehen. Wir befassten uns plötzlich mit dem Denkmalschutz, der uns bis dahin zwar notwendig, aber nicht besonders interessant erschien. Wir bewunderten die historischen Bauwerke und lernten viel über ihre Geschichte.

Es gab keine kindgerechte Literatur zu unserem Projekt, doch hat sich unser Eindruck bestätigt, dass die Kinder genauso, vielleicht sogar noch intensiver die Bildbände und Fotos zur Eisenbahngeschichte betrachteten. Sie waren fasziniert von dem Buch über die Berliner S-Bahn. Das wollten wir in unserer Arbeit noch viel stärker bedenken.

Insgesamt waren die Mädchen und Jungen mit Begeisterung bei unseren Erkundungen im Stadtbezirk dabei. Auch unsere Jüngsten ließen sich von den älteren Kindern anstecken und wollten überallhin mit, auch wenn sie noch nicht alles verstehen und verarbeiten konnten. Die Eltern interessierten sich für unser Vorhaben und unterstützten es, indem sie mit den Kindern ebenfalls bewusster denkmalgeschützte Gebäude im Umfeld beachteten.

Abschließend können wir sagen, dass dieses Projekt den Kindern und uns viel Freude bereitet hat. Wir sind neugierig darauf, noch mehr über den Bezirk Prenzlauer Berg, der früher Mühlenberg hieß, zu erfahren.

Ist das echte Schrift? –
Kinder entdecken die Welt der Buchstaben

Karola Leidecker

Erkunden: Kinder interessieren sich für Schrift

Unserer Kindergarten liegt in der Lüneburgerstraße in der Nähe eines Neubaugebiets an der Spree und wird von ca. 100 Kindern zwischen ein bis sechs Jahren besucht. Die Arbeit in den zwei Etagen ist offen strukturiert. Ich arbeite auf der oberen Etage, wo ca. 60 Kinder im Alter von drei bis sechs Jahren leben, spielen und lernen. Je nach ihren Vorhaben und Interessen können sie den Theaterraum, den Spiel- und Bauraum, das Bistro, das Atelier, den Forscherraum oder die Schreibwerkstatt aufsuchen. Um jedes Kind in seiner Entwicklung gut im Blick zu haben, hat jede Erzieherin ihre ca. 15 Bezugskinder. Gleichzeitig ist sie für die inhaltliche Gestaltung jeweils eines Raumes schwerpunktmäßig verantwortlich, ich z.B. für die Schreibwerkstatt. Hier kommen meine Bezugskinder zum Morgenkreis zusammen, hier werden die Geburtstage gefeiert und täglich wichtige, die Kinder betreffende Fragen und Inhalte besprochen.

Im Rahmen meiner regelmäßigen Beobachtungen stellte ich fest, dass sich die etwas älteren Kinder für ihre Namen interessierten. Einige Kinder legten sich mit Zettel und Papier auf den Fußboden, um ihre Namen von den Eigentumsfächern im Flur und in der Garderobe abzuschreiben. In meiner Morgenkreisgruppe hatten einige Kinder Geburtstag und gestalteten hierfür Einladungsbriefe. Die Gespräche der Kinder drehten sich um Namen, die nach einem erdachten System auf einen Papierbogen geschrieben wurden. Bei einer anderen Gelegenheit schauten sich Kinder Bücher mit verschiedenen, auch alten Schriften an und fragten: „Ist das echte Schrift?" (→ Abb. 1)

Abb. 1: Kinder beschäftigen sich mit Schrift

Auf unserer nächsten Teamsitzung berichtete ich von diesen Beobachtungen, die von meinen Kolleginnen bestätigt und ergänzt wurden. Wir beschlossen, die Kinder weiter zu beobachten. Das Interesse an Buchstaben und Schrift war offensichtlich bei allen, auch bei den jüngeren Kindern groß, wie folgende Beobachtungen zeigten:

- Kinder spielen Lesen und „lesen" sich gegenseitig Bücher vor.
- Viele sprechen mit Lust und Freude das Alphabet, manchmal sogar im Chor.
- Einige erkennen ihren Namen, buchstabieren ihn oder können ihn schreiben, andere fragen nach ihrem vollständigen Namen.
- Kinder fragen, wo auf verschiedenen Listen ihr Name steht, suchen ihn selbst oder schreiben selbst „Namenslisten".
- Manche Kinder schreiben „schöne" Wörter aus Büchern ab.
- Kinder spielen Wortspiele, sprechen Fantasiereime oder fabulieren mit Silben.
- Die Kinder spielen sehr gern mit den Magnetbuchstaben; kochen daraus „Buchstabensuppe", sortieren aus der Suppe bestimmte Buchstaben und benennen diese.
- Oft wird die Frage gestellt: „Was steht da?"

Im Team waren wir der Meinung, dass dieses Thema für alle Kinder bedeutsam ist – sowohl für ihr Heranwachsen und natürlich auch als Vorbereitung auf die Schule. Kinder wachsen in einer Medien- und Informationsgesellschaft auf. Sie sind von vielen verschiedenen Bildern und Texten in variierenden Erscheinungsformen umgeben und kommen tagtäglich mit Schrift in verschiedenen Formen in Berührung. Sie begegnen Schrift und Buchstaben in ihrer näheren und weiteren Umgebung: im Elternhaus, bei älteren Geschwistern, die Hausaufgaben für die Schule machen, beim Einkaufen auf dem Einkaufszettel, in Kaufhäusern, in Büchern, Programmzeitschriften, am Computer u. a. Kinder wollen sich alles Mögliche vorlesen lassen.

Für die Eltern war dieses zunehmende Interesse an Schrift ebenfalls bedeutsam. Sie bemerkten, dass ihr Kind an Selbständigkeit gewinnt: Es kann sich äußern, lernt schon seinen Namen, manchmal auch noch seine Adresse schreiben, kann sich im Notfall identifizieren.

Für mich als Erzieherin war das Interesse an Schrift und Erkennen von Schriftzeichen ein wichtiger Schritt in der Entwicklung von Kindern. Das Kind ist auf dem Weg abstrakt zu denken und entschlüsselt sich – eben auch über die Schrift – seine nähere Umgebung. Das heißt, es geht in die Welt hinaus, weiß, wer es ist und kann sich über Schrift neues Wissen und Können aneignen. Kinder interessieren sich für Schrift, lange bevor sie lesen und schreiben können. Das ist auch ein Zeichen des zunehmenden Sprachbewusstseins. In der Entdeckung von Zeichen, Buchstaben und Ziffern wird ein Meilenstein auf dem Weg der Denkentwicklung gesehen. Frühe Begegnungen mit Bild- und Schriftsprache sind Bestandteil der sprachlichen Bildung und Entwicklung. Sie erweitern den Zugang zur Welt.

Aus diesen Gründen entschlossen wir uns, das Interesse an diesem Thema wach zu halten und als Schlüsselsituation mit den Kindern zu gestalten. Wir nannten das Projekt: „Ist das echte Schrift?"

Orientieren: Erfahrungen mit Schriftzeichen erweitern

Wir Erzieherinnen wollten die Erfahrungen der Kinder im Umgang mit Schrift aufgreifen und ihnen ermöglichen, weitere vielfältige Formen der bildhaften und schriftlichen Kommunikation kennenzulernen und zu erproben, um selbstbewusst mit anderen in Kontakt zu treten und ihre sprachliche Ausdrucksfähigkeit zu stärken.

Insbesondere ging es uns darum, dass die Kinder

- Symbole, Zeichen und Schrift als Mittel zur Verständigung erleben
- Neugier an Schrift und Zeichen entwickeln, das vorhandene Interesse weiter ausbauen
- Die Vielfalt von Schrift und Zeichen kennenlernen und die Schönheit von Schriften (Kalligraphie) entdecken
- Aufmerksam werden für Symbole, Zeichen, Schriftzüge in unserer Umgebung
- Selbst Schrift und Zeichen erfinden und als Möglichkeit der Kommunikation einsetzen
- Den Zusammenhang zwischen Sprache und Schrift erkennen
- Erkennen, dass unterschiedliche Sprachen auch unterschiedliche Schriftzeichen haben
- Etwas über die Schriften aus längst vergangenen Zeiten erfahren
- In ihrer Vorfreude auf die Schule gestärkt werden
- Anlaute unterscheiden, gleiche Anfangsbuchstaben zuordnen können, phonologisches Bewusstsein vertiefen.

Bei der Formulierung der Ziele haben wir uns insbesondere an den Bildungsbereich „Kommunikation: Sprache, Schriftkultur und Medien" des Berliner Bildungsprogramms (Senatsverwaltung Berlin 2004, S. 69) orientiert.

Handeln: Kindern vielseitige Zugänge zur Schriftkultur ermöglichen

Schrift und Sprache im alltäglichen Leben bewusst erleben

Zunächst überlegten wir gemeinsam im Team, welche Anregungen und Tätigkeiten im alltäglichen Leben zur Bearbeitung des Themas geeignet sein könnten. Zur Veranschaulichung erstellen wir ein Mind Map, d. h. alle möglichen Aktivitäten zum Thema wurden notiert, auf dem Abteilungsinfobrett für uns alle sichtbar ausgehängt und laufend ergänzt. Im Folgenden seien dazu einige Beispiele dargestellt.

Als wir gerade mit dem Projekt begonnen hatten, kam unsere neue Kollegin Georgia in unsere Abteilung. Sie wollte natürlich möglichst schnell die Namen der Kinder kennen lernen. Deshalb schrieb sie deren Namen auf Tesakrepp und klebte sie als Streifen auf die Kleidung der Mädchen und Jungen, so dass diese einen Tag über mit ihren Namenschildern herumgingen. Das fanden sie sehr lustig, sie wurden von anderen angesprochen, wieder andere versuchten, ihren Namen zu entziffern. Dadurch entstanden viele Gesprächsanreize.

Im Morgenkreis kam die Idee auf, dass wir bei unseren Spaziergängen in der Umgebung unseres Kindergartens mit Pauspapier und Stiften nach Buchstaben suchen wollen. Wir gingen die Lüneburger Straße entlang und fanden Buchstaben auf Gullydeckeln, Kfz-Nummernschildern, Laternen, einem Glassammelcontainer und einem Zaun. Mit dem Fotoapparat wurde alles festgehalten, auch die Werbeplakate. Nun begann eine große Schneideaktion, denn die gefundenen Buchstaben wurden ausgeschnitten und neu zusammen gesetzt. Die Kinder erkannten Buchstaben ihres Namens und viele andere für sie bedeutsame Begriffe. Darüber hinaus schafften wir uns ein Alphabetpuzzle an, die Kinder formten aus selbst hergestellter Knete Buchstaben für ihren Namen, falteten im Spiel Briefumschläge, die sie dann beschrieben.

Besonders gern beschäftigten sich die jüngeren und älteren Kinder mit den Buchstabenstempeln. Sie stempelten ihren Namen und die Namen ihrer Freunde, die dann kreativ ausgemalt, ausgeschnitten und auf Kärtchen geklebt wurden. Einige wollten die aufgeklebten Namen unbedingt selbst schreiben und die Buchstaben zählen. Dabei bemerkten sie, dass es kurze und lange Vornamen gibt und manche den gleichen Anfangsbuchstaben haben. Zu all dem passte gut das Lied „Ich habe einen Namen".

An den verschiedenen Aktivitäten der Kindern wird deutlich, wie vielseitige Zugänge es im alltäglichen Leben zu Schriftzeichen gibt und wie umfassend sich die Kinder damit selbständig, eigenaktiv und mit viel Spaß auseinander setzen können.

Die Auseinandersetzung mit Schriftsprache gezielt anregen

Im Rahmen meiner Verantwortlichkeit für die „Schreibwerkstatt" unterstützte ich unser Projekt zielgerichtet insbesondere mit folgenden Aktivitäten: Zunächst stellte ich anregende Materialien zum Stempeln, Malen, Schneiden, Legen von Buchstaben und Namen bereit. Ich unterstützte die Gespräche der Kinder über ihre Vornamen, z.B. wenn es darum ging, aus welchen Buchstaben sie sich zusammensetzen. Vor allem stellte ich ihnen verschiedene Bücher über Schriftzeichen, über Kalligraphie sowie über die historischen Entwicklung von den ersten Zeichnungen der Bilderschrift bis zur Keilschrift vor (siehe Kasten).

Literaturtipps
- Ute Andresen/Monika Popp: ABC und alles auf der Welt. Verlag Beltz & Gelberg, Weinheim/Basel 2002
- Karin Brookfield/Laurence Pordes: Von den ersten Bilderschriften bis zum Buchdruck. Gerstenberg Verlag, Hildesheim 2002
- Carl Faulmann: Schriftzeichen und Alphabete aller Zeiten und Völker. Marix Verlag, Wiesbaden 2004.

Die Kinder schauten sich diese Bücher in unserer Bücherecke immer wieder mit großem Interesse an und wurden dadurch zu den verschiedensten Tätigkeiten angeregt. Im Atelier ritzten sie z. B. ihre Namen in Ton und druckten sie anschließend. Selbst die Jüngsten wollten die Keilschrift auf Tontäfelchen ausprobieren (→ Abb. 2).

Andere Kinder zeichneten verschiedene Schriftzeichen nach, einige stellten eine Geheimschrift her und hatten viel Spaß an der Entschlüsselung ihrer Informationen. Wir erprobten, wie man einen Brief mit einem Federkiel schreiben kann, ohne dass die Tinte tropft u. v. a.

Die besonders an der alten Schrift interessierten Kinder stellten immer wieder die Frage: „Wo können wir denn solche Schriften noch sehen?" Einige wussten es: „Im Museum". Deshalb ging ich mit den 13 interessierten Kindern ins Pergamonmuseum. Leider war gerade die Abteilung mit den Keilschriften wegen Umbau geschlossen. Aber in der Islamischen Abteilung konnten wir Teppiche mit schönen Schriftmustern bewundern. Auf dem Rückweg betrachteten wir eine als Wanddekoration eingelegte Steinplatte mit alter Inschrift. Nun war der Wissensdurst der Kinder doch noch einigermaßen befriedigt.

Abb. 2: Kind erprobt die Keilschrift

Immer wieder zählten die Jungen und Mädchen die Anzahl der Buchstaben bestimmter Begriffe, verglichen die Länge ihrer Namen oder auch die Größe der Buchstaben. Schließlich wurden auch Buchstaben gebacken und mit viel Spaß verspeist (→ Abb. 3).

Besonders gern spielten die jüngeren und älteren Kinder Spiele wie Bingo, kochten Buchstabensuppe und hörten sich Geschichten, Gedichte und Reime an, wobei wir z. B. auch mal fehlende Wörter ergänzten oder Wörter nach der Anlauttabelle heraussuchten.

Höhepunkte waren der Besuch in der historischen Druckerei des Kindermuseums „Mach mit" mit den alten Druckmaschinen und der „Hansa Bibliothek" mit den Büchern in Schriftzeichen der verschieden Sprachen.

Darüber hinaus produzierten wir selbst kleine Bücher mit abgemalten und selbst erdachten Schriftzeichen für die Geburtstagskiste. Zwischendurch stellte ich die Lieder: „Alle Kinder lernen lesen" sowie das „ABC-Lied" und „A ist anders als B" vor. Dabei dichteten Kinder den Text sofort um in „A ist anders als du" und malten die Noten als eine Form der Kommunikation in der Musik.

Besonders interessiert und überrascht betrachteten die Mädchen und Jungen ein Bilderbuch in Blindenschrift. Susanna fragte: „Die Menschen können wirklich nicht sehen?" Wir schlossen die Augen und ertasteten die Buchstaben. Die Kinder fragen erstaunt. „Ist das echte Schrift?" Sie erfuhren, dass der Erfinder der Blindenschrift Braille heißt und die Schrift nach seinem Namen „Brailleschrift" genannt wird.

In der Bibliothek hatten wir uns ja einige Bücher in verschiedenen Sprachen angeschaut und ausgeliehen. Unsere Erzieherin Claudia las ihnen einmal auch die italienische Version von „Hänsel und Gretel" vor. Zuerst waren die Kinder sehr verwundert und überrascht, als sie das ihnen so bekannte Märchen der Brüder Grimm in einer anderen Sprache hörten. Dazu entwickelte sich ein interessantes Gespräch: Tugay: „Das ist aber kein Türkisch! Das ist auch kein Englisch... Ich kann englisch!" Azul: „Das ist kein Spanisch, aber es hört sich wie Spanisch an." Einige Kinder fragten: „Ist das Arabisch?" Wir schauten uns die Schrift in dem Buch genauer an und stellten fest, dass arabische Schrift anders aussieht. Mariam kann arabisch, möchte aber nicht arabisch sprechen.

Abb. 3: Buchstaben zur späteren Einverleibung

Claudia hat dann verraten, dass es ihre Muttersprache ist und einige Kinder wussten: Es ist italienisch! Danach schauten wir uns ein anderes Buch an. Einige erkannten sofort: „Das ist Englisch."

Das regte dazu an, sich über die verschiedenen Sprachen zu unterhalten, die die Kinder unserer Gruppe sprechen können. Stolz stellten wir fest, wie viele Sprachen zusammen kamen. Verschiedene Kinder haben auch Bilderbücher in ihrer Heimatsprache zu Hause. Miriam machte den Vorschlag, dass man diese ja mal in die Kita mitbringen könnte. Der Vorschlag wurde bereits am nächsten Tag umgesetzt. Wir konnten uns nun ein polnisches und ein spanisches Bilderbuch anschauen und kamen überein, dass auch Kinder in anderen Ländern sich gern Bücher ansehen.

Auch das „Bild des Monats" in der Eingangshalle – eine langjährige Tradition in unserer Kita – widmete sich Kunstwerken, in dem die Handschrift des Künstlers Teil des Bildes war (in diesem Fall H. Matisse – Die Tiere des Meeres), ein Buch zentraler Gegenstand des Werkes war (Christine de Pisan – Das Buch von der Stadt der Frauen), Schrift als wichtiges gestalterisches Mittel eingesetzt wurde (Andy Warhol – Tomatensuppe in der Dose).

Nachdenken: Was war besonders interessant?

Welche Erfahrungen und Kompetenzen sich die Kinder in all diesen Tagen und Wochen, in denen wir uns mit dem Thema beschäftigten, gewinnen bzw. anreichern oder vertiefen konnten, ist natürlich individuell verschieden. Die Gespräche, verschiedenen Spiele, Zeichnungen, Lieder, auch die Aktivitäten im Alltag oder in den Morgenkreisen sowie die Erkundungsbesuche sind so vielfältig (→ Abb. 4), dass sie auch nicht alle an unserer Dokumentationswand, im Projektordner oder in den Portfolios der Kinder präsentiert werden konnten. Bei allen Kindern sind individuelle Entwicklungsprozesse abgelaufen, die sicherlich jedes Kind auf seinem Weg zum Sprach- und Schrifterwerb voranbrachten.

Was hat die Kinder, die Eltern und mich besonders angeregt und interessiert?

Die *Kinder* haben erfahren, dass Schrift Gesprochenes auf vielfältige Weise festhalten kann und von großer Bedeutung für die Verständigung von uns Menschen ist. Sie hatten die Möglichkeit, sich auf vielfältige Weise mit Büchern, Schriftzeichen, Computern, Musik und auch Blindenschrift zu beschäftigen sowie etwas über die historische Entwicklung von Schrift, eben auch über die Entstehung der Schrift, zu erfahren. Die Unternehmungen regten die Kinder an, sich sprachlich darüber auszutauschen, sich aber auch gegenständlich-bildhaft auszudrücken. Sie verglichen die Ergebnisse miteinander, hatten Freude am künstlerischen Tun und beherrschten zunehmend selbständig auch das Sprachprogramm „Schlaumäuse" unseres Computers. Sie waren sehr stolz darauf, ihren Namen lesen und schreiben zu können.

Die *Eltern* haben uns unterstützt, natürlich nicht alle und nicht mit gleicher Intensität, indem sie den Namen ihres Kindes in der Schrift ihres Herkunftslandes auf unsere Projektwand schrieben, z. B. Griechisch, Spanisch, Arabisch, Türkisch, Polnisch, Indonesisch, Russisch, Persisch. Auf diese Weise erfuhren die Kinder und wir, wie unterschiedlich Schrift und Buchstaben sein können.

Einige Eltern waren erstaunt, dass die Kinder ihren Namen schon schreiben und oftmals den Schriftzug des Namens ihrer Freunde identifizieren konnten. Sie bestätigten das große Interesse, das ihre Kinder an Buchstaben, Wörtern und Büchern hatten. Mir wurde erneut bewusst, welche Sicherheit Eltern brauchen, dass ihre Kinder im Kindergarten viel lernen und gut auf den Lebensabschnitt Schule vorbereitet werden.

Beeindruckend für mich war, wie die Kinder selbständig anfingen, zu reimen, erst einzelne Wörter wie Maus – Haus, Tasse – Masse, und dann angefangene Reime zu ergänzen oder wie die Kinder nach der Nennung eines Buchstabens das entsprechende Wort fanden. Sie konnten auch Anlaute unterscheiden und gleiche Anfangslaute erkennen.

Gemeinsame Aktivitäten außerhalb der Kita waren bei den Kindern besonders beliebt, was sich im großen Interesse an den Museumsbesuchen zeigte.

Die Kinder konnten Schrift im wahrsten Sinne des Wortes begreifen und fühlen. Die Blindenschrift bot ein taktiles Erlebnis und führte dazu, dass die Kinder selbst „Blindenschrift" produzieren wollten. Mit Knete oder Ton formten sie bekannte oder erfundene Buchstaben und Zeichen und setzten ihr Fingerspitzengefühl ein.

Neue Erfahrungen bot auch das Darstellen von Buchstaben mit dem eigenen Körper oder mit mehreren Kindern gemeinsam, was lustige Fotos von lebendigen „Ks" oder „Os" ergab.

Bei nahezu allen Aktivitäten während des gesamten Projekts konnte ich beobachten, dass sich die Kinder im ständigen Austausch befanden. Entwürfe oder Ergebnisse zeigten sie sich gegenseitig oder der Erzieherin. Zum Teil wurde heftig darüber diskutiert, ob etwas z. B. Handschrift, echte Schrift oder nicht ist. Die Unterhaltungen wurden sehr ernsthaft geführt und warfen teilweise neue Fragen auf. Jüngere Kinder sahen zu, wie ältere Buchstaben malten oder zeichneten, wie sie ihren Namen schrieben oder etwas vorlasen. Das spornte an und motivierte sie. Ich war überrascht, wie groß das Interesse der Jüngeren war, wenn es in unserer Schreibwerkstatt oder im Atelier etwas zu sehen oder Anregungen zum Selbertun gab. Am Ende unseres Projektes konnten alle Kinder ihren Namen erkennen und die meisten konnten ihn mit sichtbarem Stolz auch schreiben.

Das Projekt ist noch nicht beendet, denn das Interesse an Schrift und Sprache ist weiterhin sehr groß.

Abschließend ist mir klar geworden, dass der umfassende Bereich der Sprache und des Schrifterwerbs in unserem Kita-Alltag noch stärker berücksichtigt werden sollte, denn Sprache und Schrift sind tatsächlich das „Tor zur Welt". Die Kinder sollten die Möglichkeit erhalten, sich ständig und in jedem Alter aktiv mit Schrift, Symbolen, Zahlen, Zeichen und Buchstaben auseinandersetzen zu können, um sich die Welt anzueignen.

Abb. 4: Collage: Kinder mit ihrem Namen

Wir bauen unser eigenes Biogemüse an
Sabine Derlin & Ute Flämig

Erkunden: Warum ein Ökogarten?

Unser Kindergarten befindet sich in einer ruhigen, etwas abseits vom Zentrum gelegenen Wohngegend. Da viele Familien in älteren Miethäusern ohne eigenen Garten wohnen, haben die wenigsten der Mädchen und Jungen Erfahrungen mit dem Anbau und der Pflege von Pflanzen. Bei Spaziergängen durch Gartenanlagen in der näheren Umgebung konnten wir aber beobachten, dass sich viele der drei- bis sechsjährigen Kinder sehr dafür interessierten. Sie blieben immer wieder neugierig an den Zäunen stehen und konnten kaum genug erfahren über die Blumen, Bäume, Gemüsepflanzen und Sträucher und verfolgten deren Veränderungen in den verschiedenen Jahreszeiten.

Von vielen Eltern wird großer Wert auf eine gesunde Ernährung, vor allem auch mit Bioprodukten gelegt. Auch in unserem Kindergarten wird Bioessen angeboten und Obst, so möglich, aus biologischem Anbau bezogen.

Unser Kindergarten verfügt über eine sehr große Freifläche mit reichhaltigem Baumbestand und Spielgeräten. Nachdem ein nicht mehr zu reparierendes Spielhäuschen von unserem Spielplatz entfernt worden war, ergaben sich für uns neue Gestaltungsmöglichkeiten.

Wie könnte diese plötzlich zur Verfügung stehende Freifläche genutzt werden? Kinder und Erzieherinnen machten verschiedene Vorschläge. Eine Idee der Kinder, darauf einen „Kindergarten" einzurichten, in dem sie selbst Blumen und verschiedenes Gemüse anbauen konnten, wurde von uns sofort unterstützt.

Da wir jeden Sommer unsere Terrasse mit Blumen bepflanzen, hatten die Kinder schon einen ersten Einblick in Wachstum und Pflege von Pflanzen. Daran wollten wir anknüpfen und den Kindern neue Möglichkeiten schaffen, Verantwortung für die Pflege von Pflanzen zu übernehmen und auf vielseitige Weise kreativ und ideenreich im Garten tätig zu sein.

Orientieren: Stadtkindern Erfahrungen im Gartenbau ermöglichen

Wir wollten durch das Anlegen des Gartenbeetes den Mädchen und Jungen Gelegenheit geben, selbst erleben und erfahren zu können, dass Obst und Gemüse, bevor es im Supermarkt gekauft werden kann, erst langsam wachsen und gedeihen muss und dabei viel Pflege braucht. Unser Anliegen war, dass Kinder Erfahrungen im zweckmäßigen Anbau von Pflanzen sammeln können, wie zum Beispiel im Beobachten der Lebenszyklen, wie Keimen, Wachsen und Pflege von Pflanzen, und sich Fertigkeiten bei der Handhabung von Gartengeräten aneignen.

Durch die Arbeit im Garten können die Veränderungen in den Jahreszeiten hautnah erlebt, das Interesse an der Natur vertieft und ein ökologisches Grundverständnis entwickelt werden. Dazu gehören zum Beispiel die Art der Düngung, Kompostierung und Schädlingsbekämpfung, das Wissen um mögliche Fruchtarten (Mischkulturen) und Kenntnisse über die Fruchtfolge.

Außerdem bietet die Gartenarbeit den Kindern die Gelegenheit, die Natur mit allen Sinnen und im praktischem Handeln zu erleben und Ausdauer und Beharrlichkeit zu entwickeln.

Wir beiden Erzieherinnen wollten uns ebenfalls neue Erfahrungen im ökologischen Gartenbau aneignen. Dessen Bedeutung wird uns fast täglich beim Einkauf von Obst und Gemüse bewusst, denn der Trend geht zu Bioprodukten. Warum das so ist, dafür wollten wir schon bei den Kindern ein erstes Grundverständnis entwickeln.

Wir haben uns in der Gartenliteratur sachkundig gemacht, wie zum Beispiel Gartenschädlinge mit pflanzlichen Mitteln bekämpft werden können und wie man die Bodenqualität verbessern kann. Wir erfuhren, dass pflanzliche Schädlingsbekämpfungsmittel sogar mit Kindern leicht hergestellt können (zum Beispiel aus Brennnesseln). Wichtig war uns auch, durch unser eigenes Interesse die Kinder über längere Zeit für die Gartenpflege zu begeistern.

Handeln: Einen Ökogarten anlegen und pflegen

Den Garten planen und vorbereiten

Es war unser Anliegen, die Mädchen und Jungen von Anfang an an der Vorbereitung, Planung und Gestaltung des Gartens zu beteiligen. Dabei orientierten wir uns insbesondere an einem wichtigen konzeptionellen Grundsatz des Situationsansatzes, nämlich Kindern vielseitige Zugänge zu neuem Wissen und neuen Erfahrungen in realen Lebenssituationen zu eröffnen (vgl. Preissing/Heller 2009, S. 15).

Zunächst entwickelten und sammelten wir mit einer Gruppe am Gartenbau interessierter Kinder gemeinsam Ideen und Vorstellungen.

- Wie soll unser Garten aussehen?
- Was soll darin wachsen?
- Was benötigen wir dazu?
- Wer kann uns helfen?

Da zunächst noch Winter war und eine Besichtigung von anderen Gärten für die Beantwortung unserer Fragen nicht sinnvoll, entschieden wir uns, in einer Bibliothek Bücher für unser Vorhaben auszuleihen. Dort stand uns eine große Anzahl von Gartenbüchern zur Verfügung. Außerdem kauften wir für unsere Kinderbibliothek selbst drei neue Gartenbücher:

- Erika Erne: Unser Garten (Wieso? Weshalb? Warum?), Verlag Ravensburg 2008
- Uta Lux: Der Gemüsegarten, Compact Verlag München 2006
- Heiderose und Andreas Fischer-Nagel: Im Bienenstock", Verlag Findling 2006.

Diese Bücher wuren sofort zu Lieblingsbüchern der Kinder und regten zu einem spannenden Erfahrungs- und Ideenaustausch an.

Ein wichtiges Problem war aber noch zu lösen. Unser zukünftiger Garten bestand zu dieser Zeit nur aus einer Sandwüste. Eins war klar: Wir brauchten Muttererde. Der Zufall kam uns zur Hilfe. Bei einem Winterspaziergang sahen wir, wie Gärtner bei der Umgestaltung ihrer Gartenanlage dunkle Muttererde verarbeiteten. Wir fragten sie danach, woher man denn diese bekommen könnte, und erfreut über die interessierten Kinder vermittelten sie uns gleich den entsprechenden Kontakt. Die Erde wurde schon am nächsten Tag geliefert. Gespannt beobachteten die Kinder den kleinen Bagger, der die Erde vom Lastauto zu unserem geplanten Garten transportierte. Jetzt konnten sie endlich selbst aktiv werden, indem sie mit großem Krafteinsatz die Erde mit Harke und Spaten verteilten, ein Erlebnis, das sie sehr stolz machte.

Abb. 1: Auch der Hausmeister unterstützte unsere Aktion

Ein neues Problem kam auf: Die anderen spielenden Kinder beachteten in ihrem Eifer natürlich nicht unsere Gartenanlage und rannten ständig darüber. Wieder wurde beratschlagt mit dem Ergebnis: Ein Zaun ist notwendig. Aber wer konnte dabei helfen? Sofort erfuhren wir tatkräftige Hilfe von einem Vater und einem Erzieher. Trotz aufgetretener Probleme (Gartentor zu groß, Boden zu hoch) war unser Garten dann innerhalb einer Woche eingezäunt.

Unser Garten sollte für alle erkennbar sein. Wir entschieden uns dafür, ein großes Garteneingangsschild zu gestalten. Die Aufschrift sollte lauten: KINDER-GARTEN. Im Baumarkt kauften wir ein großes Holzbrett. Jetzt waren die Fähigkeiten der älteren Kinder gefragt. Aus großen ABC-Puzzeln begannen sie, die Buchstaben für das Schild herauszusuchen. Anschließend mussten diese in die richtige Reihenfolge auf das Brett gebracht werden. Die Kinder umrandeten die Buchstaben mit Bleistift und malten sie dann mit Acrylfarbe aus. Um das Schild wetterfest zu machen, entschieden wir uns für eine Lackierung mit umweltschonendem Bootslack. Selbstbewusst und selbständig wählten die Kinder im Baumarkt mit Hilfe und Rat eines Verkäufers den entsprechenden Lack aus und bezahlten ihn an der Kasse. Die Lackierung übernahm dann aber unser Hausmeister. Nun war weithin sichtbar: Hier ist unser „Kinder-Garten" (→ Abb. 1).

Die Gartenarbeit beginnt

Jetzt erstellten wir einen Anbauplan. Was soll wo wachsen? Die Kinder entschieden sich sowohl für Obst und Gemüse als auch für Blumen. Da der Winter sehr mild war, konnten wir bereits im Februar mit der Pflanzung der Johannisbeersträucher beginnen. Einige Kinder waren mit großen Eifer dabei.

Was konnten wir jetzt noch vorbereiten? Angeregt durch unsere Gartenbücher entstand die Idee, im Zimmer ein" Minigewächshaus" anzulegen. Zunächst legten wir Samen von Studentenblumen aus, später säten die älteren Kinder Rucola. Ungeduldig wurde der Keimvorgang beobachtet und die Erde im Gewächshaus täglich gegossen, denn die Kinder wussten, nur durch Feuchtigkeit konnte der Samen keimen. Zu unserer Freude keimte und wuchs der Rucola sehr schnell.

Und wieder ergab sich ein Problem: Nach einer längeren Regenperiode bemerkten wir, dass das Wasser in unserm Garten nicht ablief und sich große Pfützen bildeten. Wen könnten wir um Rat fragen? Ein Gärtner gab uns den Tipp, doch Torf unter die Erde zu mischen. Die Kinder und auch wir machten uns in unseren Büchern sachkundig, was Torf eigentlich ist, wie er entsteht und wie er bei der Verbesserung des Bodens hilft. Wir holten uns Torf und die Kinder waren eifrig dabei, ihn aus den Säcken mit ihren Schubkarren im Garten zu verteilen und mit der Erde zu vermischen. Wir waren froh und hofften nun auf günstige Bedingungen für unser Vorhaben.

Anschließend machten wir uns Gedanken über die Gestaltung eines Weges. Welche Materialien könnten verwendet werden? Was entsprach unseren Ansprüchen an ökologischen Landbau? Wir entschieden uns für die natürliche Variante, für Rindenmulch.

Eltern unterstützen uns

Auf einer Elternversammlung, später durch unsere fortlaufende Dokumentation informierten wir die Eltern über unser Gartenprojekt und baten sie auch um Unterstützung. Die erste Hilfe war ja bereits beim Zaunbau erfolgt. Einige Eltern fragten später, ob wir noch Pflanzen oder Samen für den neuen Garten bräuchten. Unser Ziel war es aber, so viele Pflanzen wie möglich selbst aus Samen zu ziehen, damit die Kinder das Wachstum verfolgen können.

Abb. 2: Stolz präsentieren die Kinder ihre Einkäufe

Im Mai erhielten wir von Julians Eltern eine Einladung in ihren Garten, die wir gerne annahmen. Bei dem Ausflug in den nicht weit entfernten Garten konnten die Mädchen und Jungen ungehindert alles erkunden und sehen, was dort wächst: Obst, Gemüse und Blumen. Außerdem hatten sie Gelegenheit zum Spielen und konnten auf Bäume klettern.

Sie hatten natürlich großen Spaß und erzählten noch lange davon. Vielleicht ergibt sich noch einmal die Möglichkeit, andere Gärten zu erkunden. Von den Eltern erhielten wir einen Gutschein für Pflanzen, den wir mit den Kindern im Gartencenter einlösen konnten (→ Abb. 2). Wir überlegten und entschieden uns für den Kauf von Gurkenpflanzen, Salatpflanzen, Kohlrabipflanzen, Sonnenblumen und Astern.

Pflanzen brauchen Pflege

Nachdem die Beete eingeteilt und die Samen in die Erde eingebracht waren, begann nun die tägliche Pflege. Zur Gartenbearbeitung hatten wir kindergerechte Gartengeräte wie Harken, Spaten, Hacken und kleine Gießkannen angeschafft. Täglich schauten die Kinder gespannt, ob sich schon kleine Spitzen zeigten, doch es dauerte ein paar Tage. Das tägliche Gießen wurde zu einer Lieblingsbeschäftigung der Kinder. Durch unser kleines Gewächshaus im Zimmer hatten sie ja bereits erste Erfahrungen im Umgang mit Pflanzen bzw. den Wachstumsbedingungen gesammelt. Sie wussten, dass tägliches Gießen zum Keimen der Pflanzen notwendig ist.

Nun wurden Mohrrüben und Radieschen gesät. Die Reihen mit den verschiedenen Samen kennzeichneten die Kinder mit selbst angefertigten Symbolen der jeweiligen Pflanze (zum Beispiel Erbsen, Radieschen, Kartoffeln, Möhren). Nachdem die ersten Pflanzen wuchsen, musste zwischen den Reihen die Erde gelockert und Unkraut gezogen werden. Die Älteren zeigten den Jüngeren, wie richtig gehackt, geharkt und gegossen wird (→ Abb. 3).

Da die Radieschen sehr dicht gewachsen waren, war es notwendig geworden, diese zu pikieren. Wieder half uns unser Gartenbuch. Wir erfuhren, warum das Pikieren notwendig ist und wie es gemacht wird. Anschließend gingen wir gemeinsam an die Arbeit.

Nachdem die ersten Frühblüher wie Stiefmütterchen und Tausendschönchen schon verblüht waren, gruben wir sie in die Erde ein, um Fläche für neue Pflanzen zu schaffen. Natürlich fragten die Kinder, warum denn die Blumen mit eingegraben wurden. Wir konnten ihnen erklären, dass verblühte Pflanzen dadurch zusätzliche Nährstoffe an den Boden abgeben.

Dann konnten wir bereits unsere ersten Kräuter wie Schnittlauch und Petersilie ernten. Die Petersilie wurde als Gewürz für einen Gemüseeintopf beim Mittagessen verwendet. Der Schnittlauch wurde sehr fein gehackt und daraus ein Kräuterquark für den Nachmittagsimbiss zubereitet. Den meisten Kindern schmeckte es hervorragend, es war ja auch unser erstes selbstgezogenes Biogemüse.

Abb. 3: Pflanzaktion mit älteren und jüngeren Kindern

Während der ganzen Zeit verfolgten die Eltern interessiert unsere Anstrengungen. Sie staunten darüber, wie gut alles wächst und gedeiht und wie ihre Kinder bei der Sache waren. Natürlich waren die Kleinen und Großen sehr stolz.

Nachdenken: Was hat unser Vorhaben gebracht und wie wird es weitergehen?

Durch unser Gartenprojekt haben wir Erzieherinnen und die Kinder erstes ökologisches Grundwissen erworben. Dies gilt es nun bei unserer weiteren Gartengestaltung systematisch anzuwenden.

Die (Stadt-)Kinder entwickelten Freude und Ausdauer bei der Anlage des Gartens. Dabei hatte sich eine kleine Gartengruppe gebildet, die zuverlässig und verantwortlich beim Anbau und der Pflege der Pflanzen mithalf. Es interessierten sich aber auch ständig andere Kinder dafür, die natürlich ebenfalls zeitweise mitarbeiten konnten. Die Kinder der Projektgruppe erlebten, dass man bei Schwierigkeiten nicht gleich aufgeben darf. Sie erwarben neues Wissen über den Anbau, das Wachstum und die Pflege von Pflanzen sowie Fertigkeiten bei der Pflege von Pflanzen und im Umgang mit Gartengeräten. Sie lernten auch die Wachstumsbedingungen der verschiedenen Pflanzen kennen und beachten. Durch die schattige Lage unseres Gartens haben wir uns für Gemüsepflanzen entschieden, die mit wenig Sonne auskommen: Tomaten, Zuckerschoten, Kartoffeln, Mohrrüben und Kräuter. Unsere Ernte gab uns recht (→ Abb. 4).

Der Garten bietet uns jetzt die Möglichkeit, mit den Kindern alle jahreszeitlichen Aufgaben weiterzuführen, wie zum Beispiel im Herbst umgraben, Rosen anhäufeln, Früchte ernten und alle nicht winterharten Pflanzen entfernen.

Um unseren Garten weiterhin ökologisch bewirtschaften zu können, ist es notwendig, einen Komposthaufen anzulegen. Wir denken, dass die Kompostierung ein anschaulicher Prozess ist, der den Kindern Spaß machen wird. Sie lernen, in natürlichen Kreisläufen zu denken und können das Resultat ihres Handelns bald mit eigenen Augen erkennen. Wir sind sicher, dass die Kinder im Komposthaufen viele kleine Tiere entdecken, die für die Zersetzung der Erde verantwortlich sind.

Wir hoffen, dass unser Ökogarten recht lange erhalten bleibt, wir das Interesse der Kinder wach halten können und somit weitere Erfolge im Anbau von Biogemüse haben werden.

Abb. 4: Die Mühen haben sich gelohnt

Auf den Spuren des Wetters
Simone Thomas

> „Ich höre und ich vergesse.
> Ich sehe und ich erinnere mich.
> Ich mache es und ich verstehe."
>
> (Chinesisches Sprichwort)

Erkunden: Naturwissenschaft im Kindergarten – eine neue Herausforderung

Tagtäglich erlebe ich, wie Kinder über Technik- und Naturphänomene staunen und wissen wollen, warum etwas so oder so ist oder wie etwas funktioniert. Da ich selbst vom Thema Naturwissenschaften begeistert bin, bilde ich mich seit einigen Jahren regelmäßig in diesem Bereich fort. Seither biete ich den Kindern in unserem Kindergarten naturwissenschaftliche Experimente zu verschiedenen Themen an. Lange Zeit habe ich die Fragen der Kinder eher schnell und abstrakt beantwortet. Mit der Methode des Experimentierens habe ich eine geeignete Form gefunden, wie sich Kinder eigenständig und mit allen Sinnen mit ihren Fragen auseinandersetzen, Vermutungen formulieren und nach Antworten suchen können.

Dabei geht es mir aber nicht nur um das Experimentieren an sich. Vielmehr möchte ich die alltäglichen Fragen der Kinder aufgreifen, mit ihnen gemeinsam nach Erklärungen suchen und für sie erfahrbar machen, welche Bedeutung naturwissenschaftliche Erkenntnisse für das ganz konkrete Leben von Menschen haben. Gerade dieser soziale Aspekt bzw. der Bezug der Naturwissenschaften zur Lebenswelt der Kinder ist für die Arbeit nach dem Konzept des Situationsansatzes bedeutsam.

In Gesprächen mit den Kindern habe ich erfahren, dass viele von ihnen zu Hause nicht die Möglichkeit haben, Experimente auszuprobieren, weil entweder die Eltern aufgrund ihrer Berufstätigkeit oft nicht die Zeit haben, auf die Bedürfnisse ihres Kindes/ihrer Kinder einzugehen, oder den Kindern das notwendige Material nicht zur Verfügung steht. Zudem habe ich beobachtet, dass Eltern eher dazu neigen, ihren Kindern vieles aus der Hand zu nehmen und Fragen schnell „richtig" beantworten. Auf diese Weise berauben sie sie oftmals der Möglichkeit, selbständig etwas zu entdecken und zu erforschen.

Manche Kinder sind durch unsere Experimente erst ermuntert worden, selbst nachzudenken und den Dingen und Erscheinungen auf den Grund zu gehen. Umso mehr freut es mich, wenn Eltern mir erzählen, dass ihre Kinder zu Hause die Experimente, die wir im Kindergarten durchgeführt haben, nochmals ausprobieren. Daran sehe ich, dass die Kinder an den Themen interessiert sind und sich damit auseinandersetzen.

Orientieren: Begeisterung für naturwissenschaftliche Themen aufnehmen, wecken und weiterentwickeln

Ich möchte den Kindern im Kindergarten die Möglichkeit geben, Neugier und Interesse für naturwissenschaftliche Erscheinungen zu entwickeln, ihnen Raum geben, mit Freude verschiedene Dinge und Zusammenhänge in Ruhe selbst ausprobieren zu können. Ich möchte sie dabei unterstützen, selbst Antworten auf eigene Fragen und Lösungsmöglichkeiten zu finden, eigene Ideen zu entwickeln und Hypothesen zu erstellen.

Handlungsleitend waren für mich auch die Ziele, die im Berliner Bildungsprogramm im Bildungsbereich „Naturwissenschaftliche und technische Grunderfahrungen" formuliert sind (Senatsverwaltung Berlin 2004, S. 102 ff.), wie zum Beispiel:

- Freude am gemeinsamen Forschen und Untersuchen empfinden
- Fragen stellen und einfache naturwissenschaftlichen Vorgänge mit allen Sinnen differenziert wahrnehmen
- Erfahren, dass Geduld und Hartnäckigkeit zum Ziel führt
- Sich mit eigenen Vorschlägen und Fähigkeiten in den Erkundungsprozess einbringen und Freude am gemeinsamen Nachdenken und Forschen empfinden
- Selbständig Dinge ausprobieren, eigene Ideen verwirklichen und aus den Ergebnissen ihre Schlüsse ziehen „Was passiert, wenn…"
- Sich durch gleiches Erleben und gemeinsame Überlegungen gegenseitig inspirieren, ihre Ideen austauschen, sich zuhören
- Erkennen, dass Fehler zum Experimentieren dazugehören und sie zu neuen Erkenntnissen führen können
- Kenntnisse über den Aufbau einer Versuchsanordnung (Materialbereitstellung, Umgang und Funktion, Versuchsablauf, Beobachten, Schlussfolgern) erwerben
- Vorgänge systematisch beobachten, vergleichen, beschreiben und bewerten, Begriffe und Verallgemeinerungen bilden und so den Wortschatz erweitern.

Darüber hinaus ging es mir bei den im Folgenden dargestellten beispielhaften Ausschnitten aus unserem Projekt „Auf den Spuren des Wetters" nicht nur um die Beschäftigung mit einzelnen Wetterelementen und deren Messung, sondern vor allem um deren Bedeutung für das Handeln von Menschen. Ich habe mir zur Aufgabe gemacht, im Alltag Fragen der Kinder aufzugreifen und sie als Bildungsthemen zu verstehen. Dabei möchte ich nicht auf der Ebene des reinen Experimentierens stehen bleiben. Es reicht meinem Verständnis nach nicht aus, dass Kinder verstehen, wie z. B. ein Thermometer funktioniert. Neben einer operational-technischen Seite hat ein Instrument immer auch eine gesellschaftliche Bedeutung. So misst man mit Thermometern z. B. nicht nur einfach die Temperaturen, sondern sie liefern darüber hinaus Informationen für Wettervorhersagen oder zur Feststellung von Wetter- und Klimaveränderungen. Erkenntnisse dieser Art können uns Menschen gegebenenfalls zum Handeln auffordern. Dies mit den Kindern zu erschließen, war und ist mir ein wesentliches Anliegen.

Handeln: Mit Kindern experimentieren

Im Frühjahr hatten wir sehr oft schlechtes Wetter. Es regnete viel und wir konnten nicht so oft raus gehen. An einem Tag standen einige Kinder am Fenster und beobachteten den Regen. Es kamen Fragen auf wie: „Warum regnet es so viel?" – „Na, weil die Pflanzen Wasser zum Wachsen brauchen" oder „Wieso ist es so kalt?" Ein Kind warf ein: „Wenn jetzt die Sonne scheinen würde, könnte ein Regenbogen da sein." Aus dem Gespräch folgerte ich, dass sich die Kinder auch für die verschiedenen Wetterelemente und deren Auswirkungen interessierten. Deshalb beschloss ich, mit ihnen zum Thema „Wetter" im Sinne einer „Schlüsselsituation" längerfristig zu arbeiten.

Hierbei war es mir wichtig, die Fragen zu den verschiedenen Wetterelementen nicht nur theoretisch zu erläutern, sondern das Projekt lebensnah und lebendig zu gestalten. Die Kinder sollten die Möglichkeit haben, all ihre Fragen zu stellen, sie mit Hilfe von Experimenten selbst zu erkunden bzw. Antworten zu finden. Jedes Kind sollte die ausgewählten Experimente selbst durchführen können. Durch dieses praktische Tun kann es den Forschungsprozess mit allen Sinnen nachvollziehen, Versuch und Irrtum erleben, Freude am Ausprobieren empfinden.

Unsere gruppenübergreifende Projektgruppe bestand aus acht interessierten Kindern im Alter von fünf Jahren.

Was ist Wetter?

Ausgangspunkt waren die Erfahrungen und Fragen der Kinder: „Was ist Wetter?", „Welches Wetter gibt es?" oder „Was ist unser Lieblingswetter?" Es entstand eine lebhafte Gesprächsrunde, bei der die Kinder auch über ihre Erlebnisse bei verschiedenen Witterungsverhältnissen berichteten. Dadurch angeregt brachten sie Bilder von diversen Wettererscheinungen mit, die wir zu einem Poster gestalteten.

Als nächstes ermunterte ich die Kinder, zu überlegen, was sie an den verschiedenen Wettererscheinungen interessiert und was sie darüber erfahren möchten. Damit die Fragen der Kinder berücksichtigt werden konnten, schrieb ich sie auf und klebte sie gemeinsam mit den Kindern auf ein Poster. Die Kinder malten die verschiedenen Wetterelemente dazu.

Abb. 1: An jedem Projekttag wurde die Temperatur gemessen und dokumentiert

Die Fragen zu den verschiedenen Wetterelementen wurden zum roten Faden unseres Projekts. Es sei nochmals betont, dass es mir weniger darum ging, die einzelnen Themen systematisch und wissenschaftlich exakt zu erklären. Wichtiger war mir, mich an den Fragen und Interessen der Kinder zu orientieren und die kindliche Neugier an Naturerscheinungen und die Lust am Lernen wach zu halten.

Zunächst interessierten sich die Kinder für die Veränderungen des Wetters. Dazu malten sie die einzelnen Wetterelemente auf ein Plakat. An den jeweiligen Projekttagen beobachteten sie dann das Wetter und kreuzten die entsprechende Spalte in unserer Tabelle an. Den Kindern war es wichtig, die jeweiligen Wettererscheinungen genau zu protokollieren.

Bei der Wetterbeobachtung kann man auch die Temperatur messen. Auf diese Erkenntnis kam Johanna beim Gestalten der Wettertabelle. Diese weiterführende Idee unterstützte ich natürlich. Wir nahmen das Temperaturmessen in unsere Wettertabelle mit auf und hingen draußen ein Thermometer auf (→ Abb. 1).

Für dessen Funktion interessierten sich die Kinder sofort. Einige erzählten, dass sie zu Hause auch eins hängen hätten und sie wussten auch wozu: „Da kann man ablesen, wie warm es wird."

Wie funktioniert ein Thermometer?

Die Kinder wussten zwar, dass „der Strich steigt, wenn es wärmer wird" und „fällt, wenn es kälter wird". Aber wieso das so ist, konnten sie sich nicht erklären. Zum besseren Verständnis bauten wir ein Flüssigkeitsthermometer. Dazu stellte ich kleine Glasflaschen bereit, die die Mädchen und Jungen mit roter Lebensmittelfarbe füllten. Dann steckten sie einen Strohhalm in die Flasche. Damit keine Luft entweichen konnte, wurde die Flasche mit Knete verschlossen. Dabei bemerkten die Kinder, dass das Wasser im Strohhalm bereits leicht aufstieg. Zum Schluss klebten sie in Form von Papierstreifen eine Skala von 1 bis 10 an den Strohhalm, um die jeweiligen Temperaturschwankungen erfassen zu können. Und fertig was das Flüssigkeitsthermometer.

Wie aber könnte man nun seine Funktionsweise testen, sprich, dass das gefärbte Wasser im Strohhalm bei Wärme steigt und bei Kälte fällt? Nach verschiedenen Ideen der Kinder einigten wir uns darauf, für die abfallenden Temperaturen die kleine Flasche in ein Gefäß mit sehr kaltem Wasser und für die ansteigenden auf die Heizung zu stellen. Damit das Wasser im Strohhalm absinken konnte, stellten die Kinder ihre Flasche in das Gefäß mit dem kalten Wasser. Das Wasser im Strohhalm sank ab. Dann stellten die Kinder ihre Flaschen auf die Heizung und beobachteten, wie das Wasser im Strohhalm wieder anstieg.

Die Kinder waren davon fasziniert und hatten bei der Beobachtung viel Spaß, so dass sie ihre Flasche abwechselnd ins kalte Wasser und dann wieder auf die Heizung stellten. Dabei maßen sie anhand der Skala, wie hoch das Wasser in ihrem Strohhalm stieg.

„Aber warum steigt und fällt das Wasser?" Im folgenden Gespräch stellten wir die Vermutung an, dass sich Flüssigkeit bei Erwärmung ausdehnt und bei Kälte wieder zusammenzieht. In diesem Zusammenhang übertrugen die Kinder ihr aus früher durchgeführten Experimenten mit Gummi und Kaugummi gewonnenes Wissen. Steigt die Temperatur, dehnt sich das Wasser aus und „steigt". Geht sie zurück, zieht sich das Wasser zusammen und „fällt".

Warum ist es sinnvoll, die Temperaturen zu messen?

Jetzt kannten die Kinder zwar die Funktion eines Thermometers. Mir war es aber auch wichtig, dass sie erleben und erfahren, wie wichtig das Thermometer für uns Menschen ist. Warum wird die Temperatur gemessen? Welche Bedeutung hat das für uns?

Das Wissen der Kinder beschränkte sich zunächst darauf, dass man damit erkennen kann, wie warm es ist. Um einen neuen Bezug zu der Frage zu bekommen, befassten wir uns zunächst mit dem Fieberthermometer. Die Kinder kannten den Umgang damit und wussten: „Damit misst man Fieber." In einzelnen Schritten analysierten wir seine Bedeutung. Wenn wir Fieber bekommen, werden wir ganz warm. Mit dem Fieberthermometer können wir dann unsere Körpertemperatur messen. Hohe Temperaturen sind ein Warnzeichen für eine Krankheit und machen oftmals eine ärztliche Behandlung erforderlich.

Diese Erkenntnis verglichen wir nun mit dem Messen der Temperaturen des Wetters. Am Thermometer können wir ablesen, wie die Temperaturen sich verändern. Die Messung der Temperaturen ist ein Element der Funktionen von Wetterstationen, die das Wetter beobachten, um Wettervorhersagen zu machen. Das ist für viele Menschen sehr wichtig. Z. B. dürfen Piloten bei starkem Sturm ihr Flugzeug nicht starten oder Bauern hilft es zu wissen, wann starker Regen kommt, damit sie vorher ihre Ernte einbringen können oder vor aufziehenden Tornados können die Bürger informiert und gewarnt werden. Das fanden die Kinder zwar interessant, für ihr eigenes Befinden war ihnen aber der folgende Aspekt am wichtigsten: „Damit wir wissen, was wir morgens anziehen können."

Was ist Klima?

Die Frage nach dem Klima stellte sich uns, nachdem einige Kinder berichteten, dass auf den Wetterstationen auch Wetter- und Klimaveränderungen beobachtet werden. Davon ausgehend, dass mit Klima der für eine bestimmte Region der Erde typische jährliche Ablauf der Witterung gemeint ist, es deshalb auch verschiedene Klimazonen gibt, versuchte ich mit den Kindern diese Frage mit einem praktischen Beispiel zu veranschaulichen. Ich verriet ihnen, dass die Sonne dabei eine wichtige Rolle spielt.

Für das kleine Experiment benötigten wir eine Taschenlampe und einen Globus. Zuerst hielten wir fest, dass die Sonne die Erde anstrahlt und sie wärmt. Einige wussten: „Dann ist es auf dieser Seite Tag und auf der anderen Seite Nacht." Ein Kind war die Sonne und hielt die Taschenlampe so, dass das Licht bzw. „die Sonnenstrahlen" auf den Äquator fielen (→ Abb. 2).

Nun verfolgten wir, auf welche Teile des Globus' das Licht jeweils traf. Die Kinder beobachteten, dass das Licht zum Norden und zum Süden hin schwächer wurde.

Im Zusammenhang mit dem Wetter stellten sie fest, dass es dort, wo das Licht genau auf die Erde trifft, am wärmsten ist, und je schwächer das Licht wird, es immer kälter wird. „Deshalb gibt es am Nord- und Südpol auch nur Schnee und Eisberge, weil es dort am kältesten ist."

Nun drehte ich den Globus und wir schauten uns die Gebiete bzw. die Länder an, auf die das Licht (die Sonnenstrahlen) direkt fiel und verfolgten dabei die Lichtunterschiede zum Norden und zum Süden hin. Bei einigen Ländern erzählten die Kinder, dass sie dort schon im Urlaub waren. Auf meine Frage, wie das Klima dort war, erzähl-

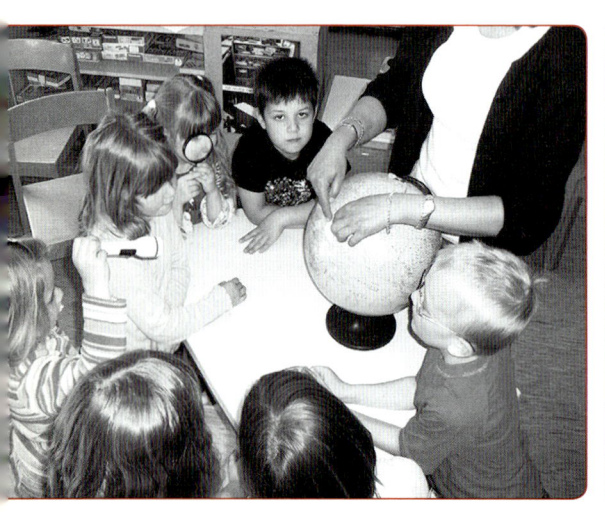

Abb. 2: Durch ein einfaches Experiment erfahren die Kinder etwas über die verschiedenen klimatischen Zonen

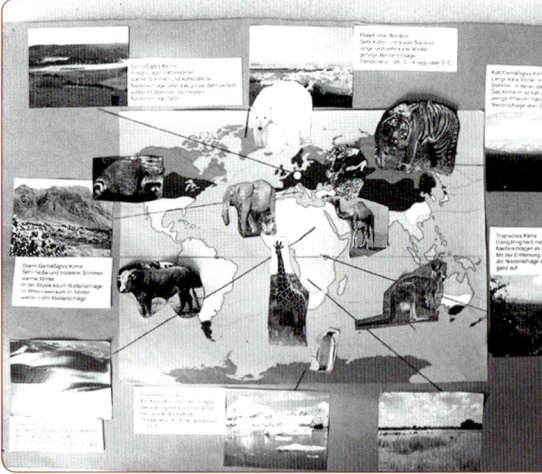

Abb. 3: Verschiedene Tiere bevölkern verschiedene Klimazonen

te ein Mädchen, dass sie dieses Jahr in Kenia gewesen sei und dass „es ganz schön heiß dort war."

Um den Kindern dies anschaulicher zu machen, zeigte ich ihnen eine Weltkarte mit den jeweiligen Klimazonen (Tropen, Subtropen, gemäßigte Zone, Subpolargebiete, Polargebiete). Darauf konnten die Kinder sehen, dass rings um die Erde weite Gebiete laufen, in denen das Klima einheitlich ist. Wir schauten uns die einzelnen Klimazonen an und überlegten, wie dort wohl das Wetter sein könnte, wie die Natur aussähe und wie die Menschen dort leben würden. Ich hatte verschiedene Abbildungen mitgebracht, die die Kinder den verschiedenen Klimazonen zuordneten und aufklebten (→ Abb. 3). „Am Nordpol gibt es nur Schnee und da gibt es Eisbären", wusste ein Kind und so kamen die Kinder auf die Idee, auch noch Tiere aufzukleben, die es in den verschiedenen Ländern gibt.

Die Kinder erfuhren, dass Klima der Begriff für die Gesamtheit aller an einem Ort möglichen Wetterzustände ist und anhand der Auswertung von Wetterkarten die Veränderung des Klimas beobachtet wird. Dazu zeigte ich den Kindern zwei Bilder von einer Wetterkarte. Diese war den Kindern bekannt, da sie im Fernsehen bereits solche gesehen hatten. Die Kinder beschrieben, was darauf zu sehen war und wir erstellten unseren eigenen Wetterbericht.

Welche Bedeutung hat die Sonne?

Während wir uns mit dem Thema „Klima" befassten, zeigten die Kinder großes Interesse an der Sonne. Wir schauten uns Bilder von der Sonne an, die sie sehr faszinierten: „Die sieht aus, als wenn sie glüht." „Die Sonne ist ganz heiß, wie Feuer." Des Weiteren stellten sie Überlegungen dazu an, was die Sonne auf der Erde bewirkt:

- „Wenn die Sonne scheint, dann ist es hell."
- „Wenn es ganz warm wird, dann können wir schwimmen gehen."
- „Wenn die Sonne scheint, können die Pflanzen wachsen."

Das führte uns zum Thema Wärme und wir beschäftigten uns mit der Strahlung der Sonne. Wir hielten fest, dass die Strahlen der Sonne die Erde erwärmen, die ihrerseits wiederum die Luft erwärmt. Die Wärme erreicht uns durch die Sonne, durch ihre Strahlen. Strahlungswärme pflanzt sich wie sichtbares Licht fort. Auch dieser Zusammenhang konnte durch ein Experiment praktisch erprobt werden.

Das Interesse und die Fragen der Kinder führten unsere Erkundungen über die wärmenden Sonnenstrahlen weiter zur Funktion von Solaranlagen, die einige Kinder bereits gut kannten. Ein Experiment mit selbst gebastelten „Sonnenfallen" machte den Kindern viel Spaß und machte diesen Zusammenhang in vereinfachter Weise durchschaubarer (vgl. www.greencity.de/wp-content/uploads/2009/12/38.-Sonnenfalle.pdf).

Wie entsteht Wind?

Während der Projektzeit war es an ein paar Tagen sehr windig und unser Garten infolgedessen sehr sandig und staubig. Einige Kinder bekamen Sand in die Augen und insgesamt fühlten wir uns alle ein wenig „sandig". Dies nahm ich zum Anlass, gemeinsam mit den Kindern zu dem Wetterelement Wind überzugehen.

Zunächst tauschten wir uns über unsere Erfahrungen und Erkenntnisse über den Wind aus:

- „Der Wind kann ganz schön stürmisch sein, dann kann man manchmal gar nicht richtig laufen."
- „Manchmal ist der Wind kalt, manchmal auch warm."
- „Wenn es windig ist, bekommt man manchmal was in die Augen."
- „Es gibt auch richtige Stürme und Tornados."

Des Weiteren stellten die Kinder fest, dass der Wind „manchmal ganz doll manchmal wenig oder gar nicht da ist." Als nächstes beschäftigten wir uns mit der Frage, wie eigentlich der Wind entsteht:

- „Durch die Wolken!"
- „Nein, durch die Luft!"

Die Kinder waren sich uneins. Mit dem folgenden Experiment versuchten wir eine Antwort zu finden.

Aus einer schwarzen Papprolle, einem darüber geklebten Pappstreifen, an dem mit einer Reißzwecke ein aus einer Teelichthülle gebasteltes Flügelrad befestigt wurde, bauten wir eine Art Windrad (→ Abb. 4). „Das sieht aus, wie eine Mühle." Die Kinder pusteten dagegen und ihre Windräder drehten sich. „Bei einer Windmühle dreht sich das Rad durch den Wind."

Dazu benötigten wir aber erst einmal den Wind. Wir konzentrierten uns wieder auf unsere Frage. Ich stellte noch einmal den Bezug zur Sonne her und wir hielten fest, dass diese nicht nur Licht spendet, sondern durch ihre Strahlen auch Wärme entstehen lässt. Wie eine mächtige Heizung wärmt sie die Luft über der Erdhälfte, die sie gerade anstrahlt.

Hat die Sonne demnach etwas mit dem Wind zu tun? Um dieser Frage nachzugehen, brauchten die Kinder also etwas, was Wärme erzeugt und womit sie ihre kleinen Windräder eventuell in Bewegung setzen können. Sie nahmen verschiedene Leuchtmittel – Lampen und Taschenlampen – und hielten sie von unten gegen ihre Papprollen. Ihren Beobachtungen nach passierte zunächst nichts. Nachdem ich sie dazu angeregt hatte, zu überlegen, ob in die Papprolle von unten Luft reinkommen kann, stellten sie fest, dass hierfür erstmal Löcher „reingemacht werden müssen". Also schnitten sie „Einströmöffnungen" ein, so dass ihre Papprollen auf Stelzen standen. Erneut hielten sie ihre Lampen bzw. Taschenlampen dagegen. Ein wenig später begannen sich die Räder bei den Kindern, die Lampenlicht einströmen ließen, zu drehen. Bei den Kindern mit den Taschenlampen drehten sich die Räder nicht. Die Kinder tauschten ihre Leuchtmittel aus und wieder drehten sich die Räder bei denen, die Lampenlicht verwendeten. Dabei stellten sie fest, dass die Lampen wärmeres Licht abgeben als die Taschenlampen.

Durch ihre Beobachtung kamen die Kinder zu der Erkenntnis, dass ihre Räder sich aufgrund der warmen Luft drehten.

Anhand dieses Experiments konnten die Kinder die Entstehung des Windes gut nachvollziehen und im gemeinsamen Gespräch fassten wir folgende Ergebnisse

Abb. 4: Was passiert hier genau?

zusammen: Die Sonne erwärmt die Erde und damit die Luft. Die warme Luft, die leichter ist, steigt auf und kalte Luft strömt nach und nimmt den Platz der warmen ein. Durch diese Bewegung entsteht der Wind. Wind ist also bewegte Luft.

Nachdenken: Zentral ist das eigenständige Experimentieren der Kinder

Das Wetter wird von den Kindern täglich wahrgenommen, sie erleben es sozusagen hautnah. Sonne, Wind, Wolken, Regen und Erscheinungen wie Blitz, Donner und den Regenbogen erregen ihr Interesse und sie möchten diese Phänomene gerne verstehen. Diese Möglichkeit wollte ich den Kindern durch genaueres Betrachten, Fühlen, Experimentieren, Erkunden und Reflektieren im Verlauf des Projekts bieten.

Bei allen Aktivitäten, die wir hierzu gemeinsam unternommen haben, waren die Kinder sehr interessiert und aktiv beteiligt. Ganz besonders interessierten sie sich dabei aber für das Selbertun. Zwar folgten sie aufmerksam den Erklärungen zu den einzelnen Themen und brachten auch ihr Wissen und ihre Überlegungen in die Gespräche ein. Aber noch reizvoller war es für sie, die verschiedenen Experimente selbst auszuprobieren. Die Versuchsanordnung ermöglichte es ihnen, Zusammenhänge zu verstehen. Das verstärkte ihre Motivation, die Umwelt noch aufmerksamer und bewusster zu beobachten.

So brachten die Kinder von sich aus die verschiedensten Bücher zu unseren Themen mit. Des Öfteren beobachtete ich, dass sie sich an der Dokumentationswand das Poster mit den verschiedenen Wetterelementen sowie die Klimatabelle ansahen und sich mit anderen Kindern darüber unterhielten. Einige hatten auch ihre selbst hergestellten Versuchsmaterialien mit nach Hause genommen und die Versuche dort weiter erprobt. Ein Kind war zwischendurch eine Woche an der Ostsee und hatte dort ein „Experimentarium" besucht. Die Eltern erzählten, dass die erste Reaktion gewesen sei: „Das muss ich Simone erzählen." Ich bekam einen Flyer mitgebracht mit dem Hinweis, dass ich dort unbedingt auch mal hinfahren müsste. Auch diese Reaktion zeigte mir, wie nachhaltig das Erleben unseres Projektes auf die Kinder wirkte.

Auch mir selbst ermöglichte dieses Projekt viele neue Erfahrungen. Neu war für mich z. B. diese Art der Durchführung eines längerfristigen, an den Themen der Kinder orientierten Projektes. Ein Projekt, das vor allem durch das Interesse und die Fragen der Kinder entstanden ist. Es ist mir gelungen, die Fragen und Interessen der Kinder zum Ausgangspunkt eines gemeinsamen Handelns, sowohl von mir als auch von den Kindern, zu machen. Ich habe den Kindern Raum gelassen, so dass sie sehr gut ihren individuellen Such- und Lernbewegungen nachgehen konnten.

Ebenso war für mich meine Rolle bei der Durchführung des Projektes eine neue Erfahrung. Mir wurde bewusst, dass man die Kinder in ihrem Wissen nie unterschätzen darf und sie gerade durch anregende Fragen zum Nachdenken und eigenständigen Handeln herausfordern und ermutigen sollte. Und nicht zuletzt: Auch ich selbst habe sehr viel dazu gelernt.

Literaturtipps
- http://wiki.zum.de/Wetterelemente_und_ihre_Messung
- Michael Allaby: Spannendes Wissen über Klima und Wetter. München Christian Verlag, 2000
- Rainer Crummenerl: Was ist Was – Das Wetter, Nürnberg: Tessloff Verlag 2000
- Ute Friesen. Kinderatlas Wetter, Köln Schwager & Steinlein Verlag 2007
- Dieter Schmidt/Hans G. Schellenberger: Der große Xenos-Weltatlas für Kinder. Hamburg: Xenos Verlag 2004.
- Sally Morgan: Wind und Wetter. Ravensburger Buchverlag 2006
- Alastair Smith: Die besten Experimente für Kinder. München Verlag Bassermann 2004.
- Angela Weinhold: Unser Wetter, Ravensburger Verlag 2000.

„Птица, Кошка, Мышка" — Wer spricht hier so? Mehrsprachigkeit als Chance

Nadja Patzer & Cornelia Gräff

Erkunden: Wertschätzung aller Sprachen

Unseren Kindergarten besuchen 85 Kinder, die in zwei Abteilungen – Krippe und Kindergarten – betreut werden und vielseitige altersgemäße Bildungsanregungen erhalten. Viele der Eltern verschiedenster nationaler Herkunft studieren an der Humboldt-Universität zu Berlin, so dass bei uns ein ständiges Kommen und Gehen herrscht und viele Sprachen präsent sind. Die Eltern möchten, dass ihre Kinder in der Familiensprache achtungsvoll angenommen werden, aber auch gut Deutsch lernen.

Diese Situation der Mehrsprachigkeit wollten wir aufgreifen. Wir, das sind eine Erzieherin, deren Familiensprache russisch ist und die in der Krippenabteilung mit Kindern im Alter von acht Wochen bis zu zwei Jahren arbeitet, und eine Erzieherin, die im Team der Kindergartenabteilung mit Kindern im Alter von zwei bis sechs Jahren tätig ist. In beiden Gruppen sprechen ca. vier bis fünf Kinder russisch als Familiensprache. Wir wollten diese Chance der Mehrsprachigkeit in unserem Pädagogenteam stärker zur Wirkung bringen.

Ausgangspunkt war folgende Situation: In unserer Kita gibt es zwei Wellensittiche. Einige interessierte ältere Kinder erledigten schon kleine Aufgaben bei der Pflege und Versorgung der Wellensittiche. Dabei fiel uns auf, dass ihnen jüngere Kinder aufmerksam zuschauten. Schon bald fand sich eine „Vogelgruppe" zusammen, die aus einigen jüngeren und älteren Kindern bestand. Dieses Interesse an Tieren wollten wir wachhalten und als eine Möglichkeit aufgreifen, dass jüngere und ältere Kinder sowohl mit deutscher als auch russischer Familiensprache im gemeinsamen Tun ihre Erfahrungen austauschen und voneinander lernen können. Dabei wollten wir beachten, dass sich Sprache und auch Mehrsprachigkeit nur in einem wertschätzenden Klima und mit vielfältigen sprachlichen Anregungen und Sprechanlässen herausbilden.

Orientieren: Neugier auf fremde Sprachen wecken

Ziel unseres Projektes war, den Kindern das Gefühl für und die Freude am Gebrauch einer fremden Sprache zu vermitteln, indem wir ihnen die Mehrsprachigkeit im Kindergartenalltag erlebbar machten. Sie sollten sich ihrer eigenen Familiensprache bewusst werden und Interesse an der jeweiligen anderen Sprache entwickeln. Dabei war es uns wichtig, dass die unterschiedlichen Sprachen als gleichwertig anerkannt und akzeptiert werden.

Wir wollten die jüngeren und älteren Kinder anregen, nach der Bedeutung von Lauten, Namen, Wörtern und Begriffen in der russischen und in der deutschen Sprache zu fragen und die unterschiedlichen Laute zu vergleichen und auszusprechen.

Ausgehend von dem gemeinsamen Interesse an den Tieren wollten wir das Zusammengehörigkeitsgefühl von jüngeren und älteren Kindern („Vogelgruppe") stärken. Wir wollten darauf achten, dass die Jungen und Mädchen anderen aufmerksam zuhören, denn jedes Kind sollte die Möglichkeit haben, selbstbewusst über seine Erlebnisse und Erfahrungen mit den Tieren zu berichten.

Handeln: Vielseitige Sprachgelegenheiten schaffen

Nadja Patzer berichtet aus der Krippe

In der Krippe erlebte und beobachtete ich seit Tagen, wie die Kinder Kuscheltiere, Bücher und Fotos über Tiere mitbrachten. Im Morgenkreis hörten sie interessiert und neugierig den russischen und deutschen Tierliedern zu und versuchten, die unterschiedlichen Laute und Namen der Tiere nachzusingen. Dabei konnten sie hören und erleben, dass es in der russischen und deutschen Sprache jeweils unterschiedliche Namen für und Laute von Tieren gibt, obwohl deren äußere Merkmale überall gleich sind. Vor allem unsere russisch sprechenden Kinder hatten an dieser Aktivität besonders viel Freude, da ihrer Familiensprache im Kindergarten Raum und Zeit gegeben wurde. Die deutsch sprechenden Kinder hörten aufmerksam und interessiert der „fremden" Sprache zu und versuchten das Gehörte nachzusprechen. Daran hatten alle viel Spaß.

Durch meine russischen Sprachkenntnisse konnte ich den Kindern einen interessanten Einblick in eine andere Sprache geben. So erfuhren sie, dass im russischen Lied der Hund nicht „wau, wau" sondern „gaf, gaf" bellt. Zusammen sangen die Kinder und probierten sich in der „neuen" Sprache aus.

Unsere russisch sprechenden Kinder und Eltern waren sehr stolz, dass ihre Familiensprache im Kindergarten Beachtung findet. Bald hatten auch sie keine Hemmungen mehr, sich russisch zu unterhalten.

Die Krippenkinder beobachten genau, wie die älteren Kinder aus dem Kindergarten unsere Wellensittiche fütterten und pflegten. Immer öfter versorgten sie jetzt die Vögel gemeinsam. Dabei erklärten die älteren Kinder den jüngeren, dass sie nicht an den Käfig schlagen dürfen, weil sich die Vögel sonst erschrecken könnten.

Bei der Pflege und Versorgung der Vögel bezogen die älteren Kinder die jüngeren in ihre Arbeit mit ein. Sie zeigten ihnen, wo das Futter steht und wo man Wasser für den Napf findet. Wenn die jüngeren Kinder Fragen hatten, wie z.B. „Hat der Vogel einen

Mund?", so beantworteten die älteren Kinder die Fragen geduldig: „Nein, der hat einen Schnabel!" So ergaben sich viele Fragen und Erklärungen.

Wenn einmal eine Frage nicht geklärt werden konnte, suchten wir mit den Kindern gemeinsam nach einem Weg, um sie zu beantworten. So recherchierten wir zum Beispiel im Internet mit einer Kleingruppe, aus welchem Land oder von welchem Kontinent die Wellensittiche kommen und wie sie dort leben. Vor dem Vogelkäfig wurden dann die neusten Erkenntnisse mit den anderen Kindern ausgetauscht und alle hörten begeistert zu. Bald entstand zwischen den jüngeren und älteren Kinder der „Vogelgruppe" ein Zugehörigkeitsgefühl und sie spielten auch im Garten intensiv miteinander.

Cornelia Gräff berichtet aus dem Kindergarten

Auch im Kindergarten bemerkte ich, dass das Interesse an Tieren immer größer wurde. Als ich Fotos und Videoaufzeichnungen von meinen Mäusen mit in den Kindergarten brachte, die zu diesem Zeitpunkt Junge bekommen hatten, waren die Kinder begeistert. Schon am darauf folgenden Tag brachten einige Kinder auch Fotos von ihren Haustieren mit. Schnell kamen die Jungen und Mädchen über die verschiedenen Tiere miteinander in lebhafte Gespräche.

Einige Tage später „besuchten" meine Mäuse den Kindergarten. Zum Schauen waren alle Kinder herzlich eingeladen. So besuchten uns auch die jüngeren Kinder aus der Krippe. Neugierig schauten sie gemeinsam mit den älteren Kindern den Mäusen beim Spiel zu (→ Abb. 1).

Die interessierten Krippenkinder wurden von Nadja begleitet. Als Nadja die Mäuse betrachtete, begann sie ein Lied in ihrer Sprache zu singen und unsere russisch sprechenden Kinder stimmten sofort mit ein. Aufmerksam hörten die anderen dem Klang der „fremden" Sprache zu. Nadja erklärte den Kindern, dass dies ein russisches Tierlied über ein kleines Mäuschen war. Die Neugier war geweckt und viele wollten sich in der neuen Sprache ausprobieren. So wiederholten wir etliche Male das Wort „Maus" auf Russisch. Das bereitete nicht nur den Kindern, sondern auch uns Erzieherinnen viel Freude.

Abb. 1: Die Mäuse waren für die Kinder eine kleine Attraktion

Beim Betrachten der Mäuse in ihrem Käfig traten bei den Kindern viele Fragen auf.

- „Warum leben die Mäuse im Käfig?"
- „Was fressen sie?"
- „Wann schlafen sie?"

Die Beantwortung der Fragen beschäftigte die ganze Kindergemeinschaft. Für einige Kinder war der Besuch der Mäuse in der Kita – neben unseren Wellensittichen – der erste Kontakt zu lebenden Tieren. Sie konnten die Mäuse anfassen und streicheln. „Aber nicht so doll, sonst brechen die kaputt", erklärte ein älteres Kind den Jüngeren. Alle Kinder waren sehr beeindruckt und erzählten noch lange von den Erlebnissen dieses Tages.

Gemeinsame Begegnungen der jüngeren und älteren Kinder

Einige unserer Morgenkreise gestalteten wir nun gemeinsam mit interessierten Kindern aus dem Kindergarten und der Krippe (→ Abb. 2). Unsere Gespräche drehten sich um die gemeinsamen Erlebnisse vor unserem Vogelkäfig und den Besuch der Mäuse. Wir ermutigten unsere russisch sprechenden Mädchen und Jungen – mit Unterstützung von Nadja – Tierlieder in ihrer Sprache zu singen und uns die unterschiedlichen Namen und Laute der Tiere in ihrer Sprache nahe zu bringen.

Auf diese Weise erlebten sie, wie die anderen Kinder ihnen aufmerksam zuhörten und versuchten, die Lieder nachzusingen und einzelne Wörter auf Russisch zu sprechen. Noch etwas schüchterne und verunsicherte Kinder spürten diese Aufmerksamkeit gegenüber ihrer Familiensprache und trauten sich mehr und mehr vor anderen Kindern, russisch zu sprechen. Nach den gemeinsamen Erlebnissen hatten sich die Kinder viel zu erzählen.

Abb. 2: Gemeinsamer Morgenkreis

Auch die jüngeren Kinder brachten Fotos von ihren Haustieren mit und klebten gemeinsam ihre Fotos für alle gut sichtbar und mit Namen des Tieres in deutscher und russischer Sprache an eine Wand. Unsere russisch sprechenden Eltern unterstützten uns, indem sie uns die Tiernamen auf Russisch aufschrieben, so dass die Kinder, ebenfalls im Vergleich zur deutschen Sprache, ein anderes Schriftbild (kyrillisch) kennenlernen könnten.

Die russisch sprechenden Kinder nannten die Namen ihrer Tiere immer auf Russisch, so dass dann auch die anderen Kinder recht bald die Namen der Tiere in dieser „fremden" Sprache lesen und sprechen konnten. Vor den Tierfotos trafen sich nun regelmäßig jüngere und ältere Kinder, um sie gemeinsam anzuschauen und sich darüber auszutauschen (→ Abb. 3).

Dabei entstanden interessante Gespräche: „Wie heißt Hund auf Russisch wie auf Deutsch?" „Wie bellt der Hund auf Russisch?"

Nadja unterstütze die Kinder, indem sie ihnen bei der Aussprache der Namen half. Sie sang den russischen Text eines Kinderliedes und Conny wiederholte ihn auf Deutsch.

Die Kinder fanden es weiterhin spannend und interessant, wie andere Tierlaute und Namen in der russischen Sprache klingen. Nicht nur die Kinder lernten dazu. Auch die Erzieherinnen hatten viel Freude am Gebrauch der neuen Sprache.

Abb. 3: Die Tierfotos boten den Kindern reichlich Gesprächsstoff

Nachdenken: Alle Sprachen sind gleichwertig

Dieses Projekt hat die jüngeren und älteren Kinder verschiedener Nationalität näher zusammenrücken lassen. Durch das Anbringen der Tierfotos an einem zentralen Ort unseres Kindergartens trafen sich die verschiedenaltrigen Kinder im Tagesverlauf immer öfter. Die Fotos von ihren Haustieren beschäftigten sie noch lange. Bald konnten sie jedes Tier einem Kind zuordnen und den Namen des Tieres nennen. Natürlich wollten und konnten auch die Kinder anderer Familiensprachen ihre Sprache präsentieren. Die Tierfotos wurden zu einem beliebten Treffpunkt.

Immer wieder trafen sich jetzt gemeinsam jüngere und ältere Kinder bei unseren Wellensittichen und halfen zusammen bei der Pflege und Versorgung der Vögel. Sie tauschten dabei ihre Erfahrungen aus: Wie und wo leben andere Haustiere, z. B. bei Oma, Opa und Verwandten? Warum wohnt der Hund in der Stadt in der Wohnung und warum bei Oma auf dem Dorf in einer Hundehütte im Garten?

Sonst schüchterne und zurückhaltende Kinder konnten durch diesen Treff ihr Selbstbewusstsein stärken und trauten sich nun, vor einer Kindergruppe zu sprechen. Auch unsere russisch sprechenden Kinder und Nadja ermöglichten uns in diesem Projekt neue Einblicke in eine für Kinder und Erwachsene interessant klingende „fremde" Sprache.

Die Vermittlung von Neugier auf und die Freude am Gebrauch der russischen Sprache, des Bewusstseins, sich einer Sprachengruppe zugehörig zu fühlen und dass alle Sprachen gleichwertig sind, ist uns in diesem Projekt gut gelungen. Insgesamt konnten wir unsere Arbeit dadurch vielfältiger gestalten und den Kindern ein Stück weit den Blick in die Welt öffnen.

Auch die Eltern unterstützten uns in diesem Projekt sehr. So erhielten sie einen Einblick in unsere Arbeit mit den Kindern und erfuhren, dass wir die Interessen und Fragen der Kinder sehr ernst nehmen und uns gemeinsam mit ihnen auf den Weg machen, um ihnen Zugänge zu neuem Wissen und neuen Erfahrungen zu ermöglichen.

In den gemeinsamen Morgenkreisen haben wir mit den Kindern festgestellt, dass noch großes Interesse an dem Thema „Tiere" vorhanden ist. Die Kinder machten den Vorschlag, in den Zoo oder auf einen Bauernhof zu fahren, um dort andere und neue Tiere kennenzulernen.

Weiterhin erscheint es uns wichtig, gemeinsame Morgenkreise zu gestalten. So können Freundschaften, die zwischen den Kindern entstanden sind, ausgebaut und intensiviert werden. Auch unseren „Schatz", den wir in Form der russisch sprechenden Nadja haben, wollen wir verstärkt in den Tagesablauf einbeziehen. So wollen wir das Interesse und die Neugier an der „fremden" Sprache aufrechterhalten und fördern.

Unser Kaninchen Findus ist gestorben
Bärbel Gutzoff

Erkunden: Wie können wir mit dem Tod unseres Kaninchens umgehen?

In unserem Kindergarten ist es seit langem Tradition, Tiere zu halten und zu pflegen. So waren und sind in den verschiedenen Gruppeneinheiten Kaninchen, Fische und Vögel zu Hause, die wir gemeinsam mit den Kindern pflegen (→ Abb. 1). In unserer Abteilung, in der Mädchen und Jungen von zwei bis sechs Jahren zusammen spielen und lernen, versorgen und pflegen wir drei Kaninchen und in unserem Aquarium viele Fische. Dadurch haben die Kinder eine sehr enge Beziehungen zu den Tieren aufgebaut und sind um ihr Wohl besorgt.

Eines Tages fiel einigen Kindern auf, dass die Wange unseres Kaninchens namens Findus ganz dick angeschwollen war. Findus musste zum Tierarzt. Für die Kinder war das nicht ungewöhnlich, da er wegen seiner Zahnfehlstellungen regelmäßig in Behandlung war. Aber diesmal konnte der Tierarzt ihm leider nicht mehr helfen. Er musste ihn einschläfern. Wie wollten wir damit umgehen? Wie sollten wir das den Kindern sagen, wie das Geschehene mit ihnen verarbeiten? Zumal die Kinder auch erfahren hatten, dass in der Woche zuvor Donny, der Hund ihrer Erzieherin, gestorben und sie deshalb sehr traurig war. Sie kannten Donny gut, denn er hatte uns bei unserer letzten Gruppenfahrt begleitet.

Wir waren uns im Team darüber einig, dass wir das Thema Sterben und Trauer aufgreifen und uns mit den Kindern darüber verständigen wollten. Das war für uns Erzieherinnen eine neue Herausforderung. Wir beschlossen, Findus im Garten selbst zu begraben und mit den Kindern erst am nächsten Tag darüber zu sprechen. Vor allem war es uns wichtig, im Vorfeld mit den Eltern von Emma zu sprechen, deren Onkel vor Kurzem durch einen tragischen Verkehrsunfall verstorben war. Da Emma von diesem Unglücksfall sehr betroffen war, sollten sie entscheiden, ob sie allein mit ihr über den Tod von Findus sprechen wollten oder sie am nächsten Tag gemeinsam mit den anderen Kindern davon erfahren sollte.

Abb. 1: Unser Kaninchen Findus

Wir informierten aber auch alle anderen Eltern über den Tod unseres Kaninchens und dass wir das Thema am nächsten Tag aufgreifen wollten. Damit wollten wir ihnen die Möglichkeit geben, selbst schon einmal mit ihrem Kind darüber zu sprechen.

Orientieren: Sich einfühlsam und offen über ein sensibles Thema verständigen

Mit dem Aufgreifen des Themas wollten wir

- Kinder ermutigen, ihre Fragen zum Tod und Sterben zu stellen und sie bei ihren Erklärungsversuchen unterstützen
- Mädchen und Jungen ermuntern, ihre Gefühle zum Ausdruck zu bringen und sich mit anderen darüber zu verständigen, sich in die Gefühle anderer, hier z. B. von Emma, hineinzuversetzen, sie zu verstehen und Mitgefühl zu zeigen
- An Erlebnisse und Erfahrungen der Kinder anknüpfen (auch hofften wir, dass es Emma dadurch besser gelingt, ihr trauriges Erlebnis zu verarbeiten)
- Sie stimulieren, sich über unterschiedliche Erfahrungen und Meinungen auszutauschen und andere Ansichten zu akzeptieren
- Freude und Interesse an der weiteren Pflege der Tiere in unserer Abteilung wachhalten.

Handeln: Vielseitige Erfahrungsmöglichkeiten schaffen

Wie geplant erzählen wir den vier- bis sechsjährigen Kindern unserer Abteilung in der Gesprächsrunde, dass und warum Findus gestorben ist. Sie erfuhren auch, dass der Tierarzt ihm mit einer Spritze beim Sterben geholfen hat, genauso wie Donny, dem Hund von Jeannette.

Die Kinder waren sehr betroffen und aufgeregt erzählten sie, was sie schon alles über das Sterben wussten, z. B. dass Menschen und auch Tiere nach dem Sterben begraben werden. Einige Kinder meinten, dass sie dann in den Himmel kommen. Jessika sagte: „Der Findus kommt in den Hasenhimmel und die anderen in einen anderen Himmel. Die würden sich ja sonst zanken."

Plötzlich erzählte Emma uns: „Und mein Onkel Kay auch. Der ist auch gestorben. Ich war auch bei der Beisetzung. Tante Jutta war ganz traurig. Die hat auch ein Baby." Alle waren sichtlich bewegt und ganz still. Wir Erzieherinnen waren froh, dass Emma mit uns so offen und vertrauensvoll über das Unglück in ihrer Familie sprechen konnte.

Nachdem wir den Kindern nun davon berichtet hatten, dass wir Findus im Garten begraben haben, wollten sie natürlich gleich dorthin. Wir machten den Vorschlag, dass wir ja zusammen mit ihnen das Grab schön gestalten könnten. Die Kinder waren sofort bereit: „Ja, damit wir noch lange an ihn denken und uns an ihn erinnern können."

Wie sollte das Grab aussehen? Einige kannten bereits einen Friedhof, die Gräber mit Grabstein und Pflanzen. So ähnlich sollte auch das Grab für Findus werden. Wir entwickelten mit den Kindern die Idee, auf einem schönen glatten Stein, dem Grabstein, ein laminiertes Foto zu befestigen, was gleich aufgeregt in die Tat umgesetzt wurde.

Die Kinder der unteren Abteilung brachten von ihrem Einkauf Primeln mit, die wir zusammen einpflanzten. Und wir entschieden uns für Steine als Eingrenzung des Grabes. Jedes Kind suchte einen Stein und legte ihn für Findus auf das Grab. So waren alle an der Gestaltung der Grabumrandung beteiligt (→ Abb. 2).

Abb. 2: Die Kinder gaben sich sehr viel Mühe bei der Gestaltung des Grabes

Anschließend malten einige Kinder spontan Bilder, in denen sie ausdrückten, was sie Findus im Himmel wünschten: z. B. einen Apfelbaum auf einer bunten Wiese, eine Mohrrübe, viele Hasenfreunde und bunte Blumen.

In der Zwischenzeit suchten wir nach Büchern, die den Kindern helfen konnten, sich weiter mit dem Thema Tod und Sterben auseinanderzusetzen. Neben dem Buch „Abschied von Opa Elefant" waren die Kinder besonders beeindruckt von dem Buch „Die Regenbogenbrücke", das vom Sterben von Tieren erzählt.

Zusammenfassung der Geschichte „Die Regenbogenbrücke"

Es gibt eine Brücke, die den Himmel und die Erde verbindet. Weil sie so viele Farben hat, nennt man sie die Regenbogenbrücke. Auf der jenseitigen Seite der Brücke liegt ein wunderschönes Land mit blühenden Wiesen, mit saftigem grünen Gras und traumhaften Wäldern. Wenn ein geliebtes Tier die Erde für immer verlassen muss, gelangt es zu diesem wundervollen Ort.

Dort gibt es immer reichlich zu fressen und zu trinken, und das Wetter ist immer so schön und warm wie im Frühling. Die alten Tiere werden dort wieder jung und die kranken Tiere wieder gesund. Den ganzen Tag toben sie vergnügt zusammen herum…

Die Kinder hörten gespannt zu und Emma-May meinte am Ende: „Nun können Mamas Katze, Findus und Donny auf der schönen Wiese spielen." Und Emma erzählte wieder vom Tod ihres Onkels.

Die Geschichte regte uns auch zum Nachdenken über das Abschiednehmen an. Man sagt „Auf Wiedersehen", „Tschüss" oder „Bis morgen". Es gibt aber auch einen Abschied für immer, so wie den von unserem Findus. Das machte die Kinder sehr nachdenklich.

Zusammen mit den Kindern gestalteten wir zu diesem Thema unsere Dokumentationswand im Flur. Hier konnten sie auf ihre Weise zum Ausdruck bringen, was sie Findus wünschten: z. B. eine schöne bunte Wiese, viele Freunde, seine Lieblingskost, Äpfel usw.

Auf dieser Wand richteten wir außerdem eine besondere „Infotafel" für die Eltern ein, so dass sie täglich darüber informiert waren, welche Erlebnisse ihre Kinder und worüber wir gesprochen hatten. Auf diese Weise konnten sie sich mit ihren Kindern über die besprochenen Themen weiter verständigen. Sie unterstützten uns ausnahmslos in unserem Vorhaben.

Nachdenken: Gut, dass wir das Thema aufgegriffen haben

Wir sind froh, dass wir uns mit den Kindern so offen über den Tod unseres Kaninchen Findus verständigt haben. Am Anfang hatten wir Zweifel, ob das der richtige Weg war oder ob man dieses Thema nicht doch eher von den Kindern fernhalten sollte. Aber die Mädchen und Jungen, vor allem auch die jüngeren Kinder, haben uns mit ihren neugierigen Fragen zu diesem sensiblen Thema und ihrem längerfristigen Interesse am Grab von Findus bestätigt, dass es sinnvoll und wichtig war, sich damit zu beschäftigen.

Viele besuchen täglich das Grab und sehen nach, ob die Blumen Wasser brauchen (→ Abb. 3). Auch den Eltern zeigen sie, wie schön sie es gestaltet haben. Diese waren überrascht, welche Vorstellungen die Kinder über das Sterben und ein Leben nach dem Tod haben und wie angeregt und offen sie auch zu Hause darüber sprachen.

Abb. 3: Das Grab von Findus

Zum Abschluss möchte ich zwei der Briefe dokumentieren, in denen Eltern ihre Zustimmung zu unserem Projekt zum Ausdruck brachten:

Brief von Herrn Kiesel, dem Vater von Emma

„Der Tod von Findus war in der Gruppe ein Ereignis, das einige Kinder in dieser Gruppe intensiv beschäftigt hat. Aufgrund des Todes meines Bruders im Februar war der Tod zumindest im direkten Umfeld von Emma ohnehin ein Thema. Leider hat sich unsere Tochter zuerst nur mit anderen Kindern und nicht mit den Erzieherinnen über dieses Ereignis ausgetauscht. Dies gelang erst im Zuge der Aufarbeitung des Nicht-mehr-Wiederkehrens von Findus.

Die Situation nach dem Tod von Findus hat aus meiner Sicht mit dazu beigetragen, das aktuell in der Gruppe vorhandene Thema mit den Kindern aufzuarbeiten. Ich unterstütze deshalb die Idee, die dabei gesammelten Erfahrungen zu veröffentlichen."

Frau Maahs schrieb folgenden Brief:

„Liebe Bärbel,

vor ca. drei Wochen wurde in der Kita der Hase ‚Findus' begraben. Die Kinder haben wunderschöne Bilder gemalt, was hat sie so inspiriert?

Jeder von uns hat eine andere Auffassung vom Sterben und vom Tod und dem ‚Danach', je nach Aberglaube, Religion oder Sichtweise. Ich habe lange gegrübelt, wie ich wohl versucht hätte, dieses Thema kindgerecht zu behandeln.

Ihre Geschichte von der ‚Regenbogenbrücke zur Hasenspielwiese', die sich im Himmel befindet, hat Stine zu Hause ausführlich wiedergegeben. Wir finden diese Geschichte alle sehr schön, denn sie nimmt die Angst vorm Sterben und das ist sehr wichtig!

Da niemand genau weiß, was wirklich nach dem Tod passiert, kann es sowieso keine ‚richtige' Antwort geben, aber unsere Familie hatte endlich einen Anstoß, darüber zu reden.

Vielen Dank!"

Wie Kinder im Zusammenleben ihre interkulturellen Erfahrungen erweitern

Dilek Özkan

Erkunden: Was können wir voneinander lernen?

Unser Kindergarten in der Berliner Bülowstraße liegt mitten im Kiez von Schöneberg, „dem sozialen Brennpunkt" dieses Bezirks, in dem mehr als ein Drittel der Schöneberger Bevölkerung beheimatet ist. Hier leben Familien aus unterschiedlichsten Kulturen, was sich auch ganz deutlich in unserer Einrichtung widerspiegelt. Die 160 Kinder kommen aus Familien unterschiedlicher sozialer Lage, kultureller Herkunft und religiöser Bindungen.

So leben und lernen bei uns Kinder aus Familien, die aus vielen Ländern nach Deutschland gekommen sind, wie z. B. Kinder polnischer, russischer, albanischer, afrikanischer, ungarischer, kurdischer, vor allem aber türkischer und arabischer Familienkulturen. Gerade darin sehen wir unsere Chance, voneinander und miteinander zu lernen.

Diese kulturelle Vielfalt spiegelt sich auch im Umfeld wieder. Supermärkte, Ärzte, Rechtsanwälte etc. sind überwiegend türkisch- und arabischsprachig.

Das Erlernen der deutschen Sprache könnte vielen Familien den Informationsaustausch mit deutschen Mitbürgern erleichtern. Aber die Kommunikation findet vorwiegend in der eigenen Familie sowie innerhalb der großen Verwandtschaft statt. Kurz gesagt: Man bleibt unter sich und dadurch ist das Erlernen der deutschen Sprache nicht zwingend notwendig. Diese Tendenz zur Entwicklung einer Parallelgesellschaft in unserem Stadtbezirk ist auch oft Gegenstand der Diskussionen in den Medien.

Wir arbeiten mit zweisprachigen Erzieherinnen (deutsch/türkisch und deutsch/arabisch), um auf die besonderen Bedürfnisse von Kindern und Eltern eingehen zu können. Aus diesem Grund werden Projekte und Aktivitäten von uns mit den Kindern immer auch für die Eltern sehr anschaulich in Schrift und Bild dokumentiert. Diese Transparenz ermöglicht den Eltern einen guten Einblick in die Arbeit unseres Kindergartens.

Unser Anspruch ist es, Eltern und Kindern eine wertschätzende Atmosphäre zu bieten, damit Kinder in ihrer kulturellen Identität gestärkt und Eltern Vertrauen in die Bildungs- und Erziehungsprozesse ihrer Kinder entwickeln können. Wichtig für uns ist, dass wir miteinander und auch voneinander lernen.

Orientieren: Selbstwertgefühl und Selbstvertrauen stärken

Unabhängig von der sozio-ökonomischen Situation und der Herkunftskultur der Familien sollen alle Kinder die Chance haben, sich ihren Möglichkeiten entsprechend aktiv am Leben in der Kindergemeinschaft zu beteiligen und sich Wissen und Können anzueignen, das ihnen hilft, ihr Leben selbstbestimmt und verantwortungsvoll zu gestalten. Unser gemeinsames Ziel ist, die Kinder stark zu machen für eine bessere und glückliche Zukunft.

Wir wollen Vorurteile von Kindern und Eltern gegenüber anderen Kulturen und Menschen abbauen. Dies geschieht, indem wir ihnen ermöglichen, miteinander zu kommunizieren, sich kennenzulernen und aktiv am Leben im Kindergarten teilzunehmen. Wir beachten und respektieren die kulturelle Herkunft der Eltern, versuchen das Gefühl des Angenommenseins zu fördern, indem wir ihren speziellen kulturellen Besonderheiten Rechnung tragen.

Wir unterstützen die Kinder, ihre Selbständigkeit zu entwickeln, ihr Selbstwertgefühl und ihr Selbstvertrauen zu stärken. Das bedeutet, wir ermöglichen ihnen, sich eine Vielzahl von Kompetenzen anzueignen. Dabei geht es auf Grundlage des für alle Kindereinrichtungen in Berlin verbindlichen Bildungsprogramms insbesondere um die Folgenden:

- Kinder erkennen ihre Bedürfnisse, teilen diese mit, sie „melden" ihre Ansprüche an. Sie nehmen sich selbst an, vertrauen sich selbst und erkennen, wie viel Kraft in ihnen steckt.
- Sie kennen ihre eigene kulturelle Biographie. Sie nehmen ihre Familie wahr sowie die Kultur, in die ihre Familie hineingeboren und aufgewachsen ist. Sie stellen Fragen und suchen nach Erklärungsmöglichkeiten.
- Sie sind für verschiedene Lebensformen aufgeschlossen, achten kulturelle und religiöse Verschiedenheiten im Leben der Menschen.
- Sie eignen sich im Austausch mit anderen neues Wissen und neue Erfahrungen an.

Insgesamt geht es uns darum, alle Mädchen und Jungen und insbesondere jene mit Migrationshintergrund zu starken, selbstbewussten und selbständigen Menschen zu erziehen, die sich als gleichwertige Persönlichkeiten betrachten mit gleichen Rechten und Pflichten. Dazu wollen wir ihnen ermöglichen, sich auch in den Lebensbereichen Kenntnisse, Fähigkeiten und Fertigkeiten aneignen zu können, zu denen manche zu Hause nur bedingt Zugang haben.

Handeln: Vielseitige interkulturelle Erfahrungen ermöglichen

„Die Arbeit in der Kindertageseinrichtung orientiert sich an Anforderungen und Chancen einer Gesellschaft, die durch verschiedene Kulturen geprägt ist." (Preissing/Heller 2009, S. 29) Dieser Grundsatz pädagogischen Handelns im Situationsansatz war und ist auch für meine Arbeit richtungsweisend.

Zunächst möchte ich darauf verweisen, dass die Begriffe Kultur und Tradition nicht mit Nationalität gleichzusetzen sind. Oft vermischen wir diese Begriffe, woraus dann schnell Missverständnisse und Vorurteile entstehen können. Die Kultur eines Volkes beinhaltet vieles mehr, wie zum Beispiel Sprache, Religion, Riten bzw. Bräuche, Essen, Kleidung, Rollenverteilung und Stellenwert der Familie (vgl. http://de.wikipedia.org/wiki/Kultur).

Im Folgenden versuche ich, auf einzelne Bereiche der Kultur einzugehen, indem ich einige Beispiele aus dem alltäglichen Erleben mit türkischen Kindern und ihren Familien aufgreife. Mir ist das deshalb wichtig, weil erstens sehr viele türkische Kinder unseren Kindergarten besuchen und zweitens, weil ich selbst in einer türkischen Familie aufgewachsen bin und lebe. Mein eigenes Wissen über diese Kultur, meine eigenen Erfahrungen und das Erlebte in meinem türkischen Umfeld werde ich mit in diese Arbeit einbringen.

Religion beachten, aber im Mittelpunkt steht das Kind

Deutschland ist aufgrund seiner Geschichte ein Land, in dem viele Menschen mit unterschiedlichen Kulturen leben. Die türkische Kultur ist seit über 40 Jahren hier beheimatet. Diese Tatsache prägt das Land bzw. unsere Stadt. Vor allem in unserem Kiez in Schöneberg werden die Unterschiede zwischen Menschen verschiedener Herkunft sehr deutlich. So unterscheiden sich z. B. viele türkische Frauen durch ihre Kleidung. Sie tragen ein Kopftuch, weil dieses nach ihrer Auslegung des Korans zu den Pflichten eines Moslems gehört. Das geht mittlerweile aber so weit, dass auch kleine Mädchen im Alter von drei oder vier Jahren von ihren Eltern animiert werden, ein Kopftuch zu tragen. Ebenso werden sie in die Gebetszeremonien miteinbezogen und im Sinne des Islam erzogen. Das haben mir die Mädchen selbst mitgeteilt. Dieses Phänomen taucht nicht nur bei türkischen Familien auf, sondern auch in anderen Kulturkreisen, die dem Islam angehören. Insgesamt ist zu beobachten, dass der Stellenwert der Religion in diesen Familien sehr hoch ist und weiter zunimmt.

Das macht sich z. B. auch dadurch bemerkbar, dass türkische Eltern eindringlich darauf achten, dass ihre jungen Kinder nicht zu freizügig miteinander umgehen. Zum Beispiel achten sie darauf, dass die Mädchen unter ihren Röcken Radlerhosen tragen und begründen es damit, dass sie nicht möchten, dass man ihren Popo sieht.

Ein weiteres Beispiel ist, dass die Eltern ihren Kindern nicht erlauben, nackt zu planschen, weil sie nicht möchten, dass der Intimbereich ihrer Kinder sichtbar wird. Auch sehen es viele Eltern nicht gern, wenn ihre Jungen in der Puppenecke spielen, geschweige denn, wenn sie anfangen, sich als Mädchen zu verkleiden. Dieses wird von den Eltern offen angesprochen.

Wir versuchen dann den Eltern zu erklären, warum gerade Rollenspiele für die Identitätsentwicklung ihrer Kinder wichtig sind. Unsere Gespräche verlaufen meist erfolgreich, weil die Eltern danach oftmals ihre Meinungen zugunsten einer positiven Entwicklung ihrer Kinder ändern. Hierfür ist es notwendig, eine vertrauensvolle Beziehung zu den Eltern aufzubauen. Die Bedenken der Eltern können wir nachvollziehen, jedoch ist es für die Mädchen und Jungen dieser Altersgruppe wichtig, dass sie ihren Körper kennenlernen und sich mit anderen diesbezüglich auseinandersetzen (z. B. Doktorspiele). Dies zu unterbinden würde die natürliche Entwicklung eines Kindes aufhalten, vielleicht sogar behindern. Durch meinen eigenen Migrationshintergrund kann ich mich gut in die Situation der Eltern hineinversetzen. Dies hilft mir enorm in der täglichen Arbeit, speziell bei Gesprächen mit Eltern.

Geschlechtspezifische Rollenbilder aufbrechen

Darüber hinaus können wir beobachten, dass Kinder in einigen Familien sehr rollenspezifisch erzogen werden. Wenn es zum Beispiel darum geht, den Tisch zu decken, abzuräumen oder ähnliche Arbeiten zu erledigen sind, dann äußern einige Jungen, dass diese Aufgaben bei ihnen zu Hause ausschließlich von ihren Müttern oder Schwestern verrichtet werden. Daran kann man erkennen, dass den Kindern zu Hause eine strikte Rollenverteilung vorgelebt wird. Gleichzeitig ist bei den Mädchen oftmals zu erkennen, dass sie sich öfter als die Jungen anbieten, sogenannte Hausarbeiten zu erledigen.

Wir greifen dieses Problem auf, indem wir die Jungen und Mädchen gleichberechtigt und gleichermaßen verantwortlich am alltäglichen Leben beteiligen. Wir haben beobachtet, dass auch Jungen oft bereit sind, den Tisch zu decken, das Frühstück vorzubereiten etc., weil wir den Kindern anbieten, zu helfen und sie nicht dazu verpflichten. Dadurch können sie sich leichter auf ein anderes Rollenverständnis einlassen, als ihnen in der Familie vorgelebt wird.

Ein weiteres Phänomen zeigt sich darin, dass sich Eltern mit einem Migrationshintergrund oft nur an die Erzieherinnen wenden, die ihre Familiensprache sprechen, wenn es um Fragen oder Probleme geht. Als türkisch sprechende Erzieherin habe ich zwar den Vorteil, dass ich mich einfacher in die Situation der türkischen Eltern hineinversetzen kann. Einige versuchen jedoch, mit allen möglichen Belangen und Sorgen zu mir kommen. In solchen Fällen machen ich ihnen deutlich, dass sie sich mit ihren Fragen auch an deutsche Erzieherinnen wenden können. Mittlerweile nehmen die Eltern auch meine deutschen Kolleginnen als Gesprächspartnerinnen an. Selbstverständlich können sie sich in besonderen Problemen auch direkt an eine Erzieherin mit der gleichen Familiensprache wenden.

Wir legen sehr großen Wert darauf, dass im Kindergarten deutsch gesprochen wird, das heißt jedoch nicht, dass die anderen Sprachen keinen Platz haben. Zum Beispiel werden im Morgenkreis auf Wunsch und zur Freude der Kinder alle auch in ihrer Familiensprache begrüßt („Guten Morgen Enis", „Günaydin, Enis"). Ebenso werden die Geburtstagslieder oft in mehreren Sprachen gesungen.

Sitten und Gebräuche verschiedener Kulturen kennenlernen

Aufgrund meiner türkischen Kultur bringe ich natürlich auch das Verständnis für Riten bzw. Bräuche in die Arbeit ein. So tauschen wir uns mit den Kindern darüber aus, welche Sitten und Bräuche in bestimmten Kulturen gelebt werden. In der Türkei ist es z. B. Sitte, dass man aus Respekt vor älteren Menschen diesen zur Begrüßung oder zu Festen die Hand küsst. Die türkischen Kinder meiner Gruppe berichten mir etwa, dass sie diese Rituale vollziehen, wenn sie z. B. auf türkischen Festen oder auch bei Hausbesuchen sind. Das führte auch dazu, dass einige aus Respekt mir gegenüber mich immer mit „große Schwester" (Abla) angesprochen haben. Ich habe ihnen erklärt, dass sie mich ruhig, wie auch andere Kinder, mit dem Vornamen anreden können.

Ein weiterer türkischer Brauch ist, dass in den Familien oft die Namen der Großeltern oder auch Namen aus dem Koran an die Kinder weitergegeben werden. Hierbei ist es interessant festzustellen, dass die meisten Namen Bedeutungen haben, der wir dann gemeinsam nachgehen.

Ebenso ist es Sitte, dass türkische Eltern uns zu ihren Festen einladen, so z. B. zu Beschneidungen, Hochzeiten oder auch zu ihnen nach Hause zum Tee oder Kaffee. Es ist deutlich zu erkennen, dass die meisten Kinder den Sinn der Riten oder Bräuche noch nicht kennen. Denn in den Familien werden oft Bräuche gelebt, ohne den Kindern ihren tieferen Sinn zu vermitteln. Zum Beispiel wissen viele Jungen nicht, weshalb sie beschnitten wurden. Ich greife diese Situationen auf und versuche den Kindern auf verständliche Weise den dahinter stehenden Grund nahezubringen. Der Islam schreibt vor, dass Jungen aus hygienischen Gründen in jungen Jahren beschnitten sein müssen. Das ist auch bei vielen moslemischen Kindern in unserem Kindergarten der Fall.

Wichtig ist es mir, die Gemeinsamkeiten mit anderen Kulturen zu verdeutlichen. Oftmals können wir feststellen, dass z. B. arabische Familien aufgrund ihrer Religion dieselben Bräuche und Gewohnheiten haben wie die türkischen Familien. Bei Moslems wird beispielsweise der Braut und den Gästen rotes Henna auf die Handinnenfläche und manchmal auch an die Füße gerieben. Das ist ein Symbol für Glück in der Zukunft, das allen Mädchen und jungen Frauen zu wünschen ist.

Verschiedene Familienkulturen achten

Oft spreche ich mit den Kindern auch über ihre familiäre Situation. Tatsache ist, dass vor allem Familien mit Migrationshintergrund kinderreicher sind als deutsche Familien. In vielen türkischen Familien kann man deshalb einen starken Zusammenhalt innerhalb der Familien beobachten. So bleiben die älteren Familienmitglieder weiterhin aktive Mitglieder des Haushalts. Es ist für mich auch bemerkenswert zu sehen, dass gerade die dritte Generation gelernt hat, ihre Kindern bewusst und offen zu lieben und ihnen ihre Zuneigung zu zeigen, ihnen auch Grenzen zu setzen, ohne sich vor den Älteren (Großeltern und vor ihren eigenen Eltern) schämen zu müssen. Sie behaupten sich gegen den bisherigen Einfluss der älteren Familienmitglieder, lassen es nicht mehr zu, dass sich diese in die Erziehung ihrer Kinder einmischen. Das liegt sicherlich daran, dass die Zurückhaltung gegenüber den Älteren nicht mehr so stark ausgeprägt ist, wie sie in den türkischen Familien in der Vergangenheit gelebt wurde.

Blick in das Umfeld erweitern

In unserem Bezirk Schöneberg gibt es ein großes Netzwerk von türkischen Dienstleistungsanbietern und Händlern. So kaufen Türken bei Türken ihre Lebensmittel, ihre Handys, ihre Autos etc. ein. Es gibt auch ein großes Angebot an kulturellen Veranstaltungen, wie z. B. türkische Konzerte und Theaterstücke und speziell für die Gläubigen mehrere Moscheen. Daraus kann man ableiten, dass z. B. die türkische Community hauptsächlich unter sich bleibt.

Wir versuchen insofern dagegenzusteuern, als dass wir mit den Kindern in deutsche Supermärkte oder auch zu deutschen Ärzten usw. gehen. Wir gehen ins Theater, besuchen den Tierpark und die Bibliothek. Im Eingangsbereich unseres Kindergartens zeigt ein Poster, welche kulturellen Möglichkeiten Familien in unserem Kiez – meist auch kostenfrei – nutzen können.

Dadurch versuchen wir, den gemeinsamen Austausch mit allen Kulturen zu fördern und somit die Gewohnheit zu durchbrechen, nur strikt innerhalb der eigenen Gemeinschaft zu bleiben. Dabei nutzen wir die natürliche Wissbegierde der Kinder, indem wir sie mit ihnen bisher unbekannten Lebenswelten vertraut machen und mögliche Ängste abbauen.

Nachdenken: Erschließen neuer Lebensbereiche nachhaltig unterstützen

Wenn man davon ausgehen kann, dass die nachfolgenden Generationen sehr wahrscheinlich nicht in die Türkei zurückkehren werden, ist es wichtig, dass wir ihnen vielseitige Erfahrungen in interkulturellen Lebensweisen ermöglichen. Denn nach meiner Einschätzung wird Deutschland immer ein Land bleiben, das viele Kulturen in sich vereint. Die größte Chance, dass das Neben- und Miteinander der Kulturen selbstverständlich werden kann, liegt in den Kindern, die noch unbefangen und mit kindlicher Neugierde fähig sind, sich neue Lebensbereiche zu erschließen.

Aus eigener Erfahrung weiß ich, dass ein Leben zwischen und mit den unterschiedlichen Kulturen einen großen Gewinn mit sich bringt. Es bedeutet nicht, wie manche vielleicht denken würden, dass man zwischen zwei Stühlen sitzt, sondern dass man im wertschätzendem Miteinander und im achtsamen Austausch auf beiden gut sitzen kann.

Wir feiern unser Sommerfest – und alle sind beteiligt
Petra Braun & Jana Wittlich

Erkunden: Nicht für die Kinder, sondern mit den Kindern

Jeden Sommer feiert unsere Kindertagesstätte im Virchow-Klinikum ein großes Sommerfest. Dieses Fest war immer ein tolles Ereignis und nahm im Vorfeld viel Zeit für Planung und Vorbereitung in Anspruch. *Wir* hatten es immer unter ein bestimmtes Motto gestellt – wie etwa „Märchenwelten", „Andere Länder und Nationen" oder „Olympiade" – und *uns* passend zum Thema Spiele, Dekoration, Imbissangebote, Basteleien und das Programm mit Singen und Tanzen ausgedacht. Engagierte Eltern standen uns dabei tatkräftig zur Seite: Das aus aus Eltern und Erzieherinnen bestehende „Festkomitee" traf sich mehrmals zum Planen und Organisieren. Und so präsentierten *wir* den Kindern ein durchorganisiertes, tolles Kinderfest mit vielen Attraktionen, wie z. B. einen Clown oder Eselreiten. Die Mühen und Anstrengungen, die eine solche Festvorbereitung mit sich brachten, hielten wir von den Kindern fern. Für sie war es einfach „nur" ein schöner Tag.

Seit April 2006 arbeiten wir nach den konzeptionellen Grundsätzen des Situationsansatzes, mit denen wir uns in Teamfortbildungen und Kursen vertraut gemacht und auseinandergesetzt haben. Obwohl unsere bisherige pädagogische Arbeit von den Eltern und Kindern sehr geschätzt wurde und wir viel Lob und Anerkennung bekamen, mussten wir doch unser Vorgehen in einigen Punkten überdenken und verändern. Uns wurde bewusst, dass wir den Kindern in vielen Lebensbereichen Entscheidungen abnahmen und ihnen dadurch wichtige Lern- und Erfahrungsmöglichkeiten vorenthielten.

Ein wesentliches Anliegen des Situationsansatzes ist es, Kinder in ihrer Selbständigkeitsentwicklung zu unterstützen, indem ihnen ermöglicht wird, das Leben in der Kindertageseinrichtung aktiv mitzugestalten. Das bedeutete für uns, dass wir unsere Vorgehensweise in Bezug auf das Sommerfest überdenken und verändern mussten. Uns war klargeworden, dass wir bisher vieles über die Köpfe der Kinder entschieden hatten. Beim diesjährigen Sommerfest wollten wir die Kinder im Sinne einer demokratischen Teilhabe einbeziehen und ihnen somit die Möglichkeit geben, sich neues Wissen und weiterführende Fähigkeiten und Fertigkeiten anzueignen.

Mit Neugier, Freude und Elan nahmen wir die Herausforderung an, mit den Kindern zusammen ein Sommerfest zu gestalten. Dabei legten wir verstärkt ein Augenmerk auf die drei- bis sechsjährigen Kinder, aber auch die Jüngsten bezogen wir nach ihren Möglichkeiten mit ein.

Orientieren: Ideen entwickeln und gemeinsam verwirklichen

Wir wollten den Kindern nicht wie bisher ein durchorganisiertes Sommerfest „präsentieren", sondern gemeinsam mit ihnen neue Erfahrungen sammeln. Unser Ziel war es, die Kinder am gesamten Ablauf, von der Vorbereitung über die Planung bis zur Durchführung, zu beteiligen. Wir wollten, dass die Kinder lernen, Initiative zu ergreifen, eigene Ideen einzubringen und andere zu begeistern. So können sie Vertrauen in die eigenen Kräfte entwickeln und erfahren, dass sie selbst und gemeinsam mit anderen etwas bewirken können. Uns ist es sehr wichtig, die Kinder in ihren Wünschen und Bedürfnissen ernst zu nehmen und auf diese Weise ihre Ich-Kompetenz zu stärken.

Das Berliner Bildungsprogramm, unsere verbindliche Arbeitsgrundlage, unterstreicht das Recht jedes Kindes, sich mit seinen Möglichkeiten am Leben in der Gemeinschaft zu beteiligen." Das Recht des Kindes, gehört zu werden und mitentscheiden zu dürfen, wird mit der Zeit gestärkt durch die innere Einstellung, sich beteiligen zu wollen und Verantwortung zu übernehmen." (Senatsverwaltung Berlin 2004, S. 122)

Handeln: Mit Kindern und Eltern ein fröhliches Fest gestalten

Vorbereitungen

Wir begannen damit, die Kinder zu beobachten, um herauszufinden, welche Themen sie gerade beschäftigen. Dabei stellten wir fest, dass das Thema „Wasser" für alle Altersgruppen faszinierend und interessant war (→ Abb. 1). Die neu eingewöhnten Kinder spielten mit Vorliebe an den Wasserhähnen im Waschraum. An Regentagen war jede Wasserpfütze in unserem Garten ein großes Erlebnis, und an sonnigen, warmen Tagen spielten die Kinder an der Wasserbahn im Garten.

Als wir in einer der nächsten Kinderkonferenzen mit den jüngeren und älteren Kindern über das sich nun langsam nähernde Sommerfest sprachen, eröffneten wir ihnen die Möglichkeit, über das diesjährige Motto mit zu entscheiden.

Es kamen Vorschläge wie „Feuer" oder „Zirkus", aber auch das Thema „Wasser" wurde immer wieder genannt. Nach einer heftigen Diskussion über die unterschiedlichen Themen einigten wir uns darauf, dass das meistgenannte Thema das Motto werden sollte. Und das war das Thema

Abb. 1: Pfützen – ein Spielparadies

„Wasser". Die Entscheidung wurde ins Beschlussbuch eingetragen und von allen Anwesenden unterschrieben.

Von da an sprudelten die Ideen: Die Kinder schlugen Tanzaufführungen, musikalische Darbietungen und Wettspiele vor und die älteren Kinder kamen auf die Idee, etwas vorzuführen. Es wurde gleich eine Theatergruppe gebildet.

Mit unserer Unterstützung plante die *Theatergruppe* das weitere Vorgehen. Die Mädchen und Jungen entschieden sich dafür, einen „Wassertanz" vorzuführen und wählten aus verschiedenen musikalischen Werken bekannter Komponisten ihr Lieblingsstück für einen „Gewitter- und Wassertanz" aus. Hierbei konnten sie sich der eigenen Ausdrucksmöglichkeiten im Zusammenspiel mit der Gruppe bewusst werden. Sie erfuhren, dass man Musik und Gefühle in Körpersprache umsetzen kann. Mit Mimik und Gestik begleiteten sie die Klänge und verbanden die Musik mit pantomimischen Darstellungen. Außerdem fertigten sie sich Kostüme an. Andere Kinder beteiligten sich an der Vorbereitung des „Wassertanzes", indem sie sich um die Dekoration kümmerten.

Auch ein *Chor* wurde auf Wunsch der Kinder gegründet. Kinder, Eltern und Erzieherinnen, die ein Instrument spielen, wurden gefragt, ob sie sich ebenfalls an einer musikalischen Vorführung beteiligen wollen. Wir probten in den jeweiligen Etagen unseres Kindergartens die Lieder und Tänze und trafen uns regelmäßig zu gemeinsamen Proben mit allen Kindern und Erzieherinnen im Haus oder im Garten.

Auf jeden Fall sollte es wie bei jedem unserer Feste auch wieder einen *Schminkstand* geben (→ Abb. 2). Offensichtlich genießen Kinder beim Schminken die ungeteilte Aufmerksamkeit und den engen körperlichen Kontakt zu den Erzieherinnen.

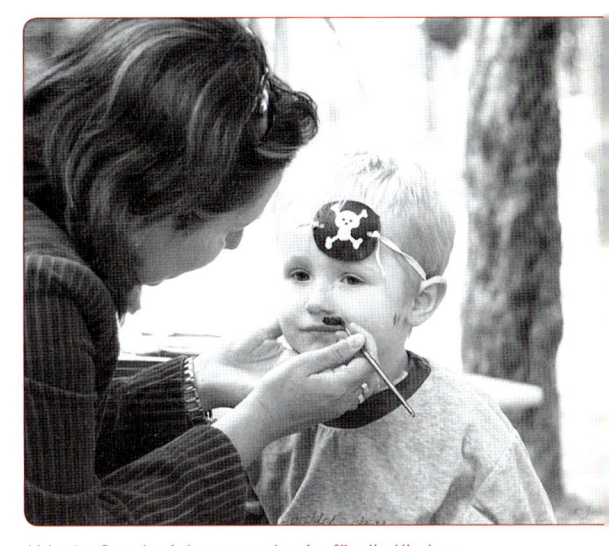

Abb. 2: Geschminkt zu werden ist für die Kinder ein besonderes Erlebnis

Den Kindern war es in der Vorbereitung des Festes auch wichtig, dass die Eltern bei den Spielen mitmachen sollten. Sie dachten sich Spiele aus, an denen sich die Eltern aktiv beteiligen könnten. So bereiteten wir Spiele wie die *Wasserrallye* vor, bei der Eltern und Kinder sich im Wasserbecherwettlauf messen konnten.

Ein schon sehr lange gehegter Wunsch der Kinder und auch von uns bestand darin, in unserem Garten mehr Pflanzen zu haben. Es kam die zündende Idee auf, statt einer Kuchenspende (wie jedes Jahr) eine *Pflanze als Eintritt* für unser Sommerfest zu nehmen. Die Kinder, von der Idee begeistert, erzählten ihren Eltern zu Hause davon und kauften gemeinsam mit ihnen eine Pflanze für unseren Garten. Wir besorgten mit den Kindern Blumenerde und bereiteten Beete entlang des Zauns unseres Kindergartens vor.

Gestaltung des Festes

Am Tag des Sommerfestes brachten die Kinder mit ihren Eltern jeweils eine Planze mit. Sie suchten einen schönen Platz dafür aus, pflanzten sie mit ihren Eltern ein und gossen sie. Diese Aktion war für alle ein Erlebnis, das Eltern und Kinder gleichermaßen begeisterte.

Unserem Motto entsprechend verwandelten sich die Kinder am Schminkstand in Meerjungfrauen, Fische oder Piraten. Sie wünschten sich Piratenklappen, die wir mit ihnen bastelten. Frisch geschminkt schlüpften sie in verschiedene Rollen, die sie mit viel Spaß phantasievoll in spontane Spielideen umsetzten. Auch einige wenige Eltern ließen sich von ihren Kindern schminken.

Bei der Wasserrallye (→ Abb. 3) konnten sich die jüngeren und älteren Kinder u. a. in ihrer körperlichen Geschicklichkeit und ihrem Koordinationsvermögen erproben.

Eltern der jüngeren Kinder brachten *Folienschläuche* mit und füllten diese mit eingefärbtem Wasser. Die Mädchen kamen auf die Idee, Glitzerpartikel hinzuzufügen. Die Schläuche wurden zum Wellenreiten, Hopsen und Toben benutzt. Dabei entstanden glucksende Geräusche und das Wasser mit dem Glitzermaterial bewegte sich hin und her. Das sprach die akustische, visuelle und taktile Wahrnehmung unserer Jüngsten an.

Abb. 3: Bei der Wasserrallye war auch von den Erwachsenen Konzentration gefordert

Abb. 4: Der Wassertanz wird aufgeführt

Höhepunkte des Sommerfestes waren natürlich die Vorführungen der Theatergruppe und des Chores. Kinder wie Eltern waren stolz und begeistert von der engagierten und gelungenen Inszenierung.

Besonderen Spaß hatten die Kinder beim *Apfelschnappen*. Dafür hatten sie zuvor Äpfel in kleine Stücke geschnitten. Dann füllten sie ein kleines Planschbecken mit Wasser und ließen die Äpfelstückchen darin schwimmen. Nur mit dem Mund durfte ein Apfelschnitz geschnappt werden. Manche Kinder stellten sich dabei sehr geschickt an, andere gingen regelrecht baden. Nur die Eltern ließen sich von ihren Kindern nicht dazu überreden, an diesem Spiel teilzunehmen.

Bei anderen Spielstationen konnten die Kinder *Wasserbomben* auf eine Zielscheibe schießen, an einem Malstand besondere Techniken mit Wassermalfarben erproben sowie mit gefüllten *Wasserpistolen* Plastikflaschen umschießen.

Nachdenken: Es hat sich für alle Beteiligten gelohnt

Das diesjährige Sommerfest mit dem von den Kindern gewählten Thema „Wasser" hat uns allen viel Spaß gemacht. Wir bekamen auch von den Eltern viel positive Rückmeldung. Natürlich waren sie besonders begeistert von dem aufgeführten Wassertanz (→ Abb. 4) und dem Chor mit Orchesterbegleitung. Sie erlebten, mit wie viel Eifer und Können ihre Kinder dabei waren. Und die Mädchen und Jungen konnten erfahren, dass sich das viele Üben gelohnt hatte und waren sehr stolz auf ihre Leistung.

Da die Kinder an der Pflanzaktion von der Vorbereitung der Beete bis zum Einpflanzen beteiligt waren, übernahmen sie auch gleich Verantwortung für die Pflege. Also schafften wir hierfür extra kleine Gießkannen an, so dass sie selbständig ihre Pflanzen gießen können.

Aber auch Folgendes konnten wir beobachten. Wir waren davon ausgegangen, dass sich die Kinder bei der Durchführung des Festes genauso aktiv beteiligen würden, wie bei der Vorbereitung und Planung. Das war nicht der Fall. Sie wollten nun offensichtlich vor allem mit ihren Eltern feiern und hatten kaum Interesse, einen Spielstand zu übernehmen und die Spieler anzuleiten. Verantwortlichkeiten wie Wasser nachfüllen, Flaschen aufstellen o. Ä. wurden schnell an uns Erzieherinnen abgegeben. Offensichtlich haben wir mit unserer Vorstellung von Beteiligung zu viel von ihnen erwartetet.

Im Nachhinein waren wir Erzieherinnen uns darüber einig, das es gut und richtig war, die Mädchen und Jungen mit ihren Ideen und Wünschen in Vorbereitung und Gestaltung des Festes aktiv einzubeziehen. Während des Festes konnten sie das fröhliche Zusammensein genießen und ihre Stärken und Fähigkeiten einbringen und so ihr Selbstbewusstsein festigen. Die Vorbereitung und Gestaltung des Sommerfestes hat uns auch als Kita- Gemeinschaft gestärkt. Diese positive Erfahrung hat uns darin bestätigt, dass das der richtige Weg ist.

Wie lernt man lesen? —
Kinder entdecken die Bedeutung der Schriftsprache

Kerstin Fest

Erkunden: Kinder und Eltern haben zum Schulstart viele Fragen

Lisa kommt am Morgen hüpfend in den Kindergarten und singt fröhlich: „Alle Kinder lernen lesen". Sie und andere Kinder der Gruppe haben große Geschwister, die bereits in die Schule gehen. Im nächsten Jahr werden sie selbst auch Schulkinder sein. Viele Fragen, auch ein wenig Sorge und Angst schweben in der Luft.

- Wie wird es sein in der Schule?
- Was lernt man da?
- Kann man da wirklich lesen lernen?
- Mit welchem Buchstaben fängt mein Name an?

Wir Erzieherinnen wissen, dass Bildung und Lernen früh beginnen und dies ein lebenslanger Prozess ist. Mit dem Eintritt in die Schule beginnt für die Kinder diesbezüglich ein wichtiger Lebensabschnitt. Gängige Sätze wie „Komm du erst mal in die Schule!" sind deshalb problematisch und können die Freude auf die Schule verderben. Darüber hinaus nehmen wir wahr, dass der Leistungsdruck schon auf die Jüngsten zunimmt.

Aber auch viele Eltern werden in dieser Übergangsphase von Zukunftsängsten geplagt: Lernt mein Kind auch genug? Was wird aus unseren Kindern? Können sie in der von Konkurrenz geprägten sozialen Marktwirtschaft bestehen?

Im Kindergarten beobachteten wir, dass sich die Gespräche der älteren Kinder immer häufiger um das Thema Schule drehten. Sie konnten den Schulanfang kaum erwarten und wussten: In der Schule lernen wir lesen und schreiben. Einige hatten auch Zweifel und Ängste, ob sie zurechtkommen würden und was passiert, wenn sie Fehler machen. Sie spielten Schule und versuchten Buchstaben zu schreiben (→ Abb. 1). Einige Kinder konnten ihren Namen bereits schreiben. Erste Vergleiche von Anlauten, wie A wie Affe und P wie Popo wurden gefunden.

Abb. 1: Kinder gestalten Buchstaben

Orientieren: Sprachliche Bildungsprozesse allseitig fördern

Dieses Interesse der Kinder am Lesen und an der Schrift wollte ich aufgreifen und die Mädchen und Jungen weiterführend darin unterstützen,

- Die Schönheit der Sprache und der Schrift zu entdecken
- Freude am Gebrauch der Sprache zu haben und sich der eigenen Ausdrucksmöglichkeiten bewusst zu werden
- Sich neue Erfahrungen und Kenntnisse über Kommunikationsmöglichkeiten anzueignen und dadurch selbständiger im Denken und Handeln zu werden
- Mit anderen Kindern ein Vorhaben zu planen, sich zu verständigen, anderen zuzuhören und von anderen zu lernen.

Die Kinder sollten erfahren und erkennen,

- Dass Schriftzeichen Bedeutungsträger sind und dass man durch Lesen ihre Botschaften entschlüsseln kann
- Dass sich gesprochene Sprache durch Symbole und Zeichen, Buchstaben abbilden lässt und auf diese Weise Informationen festgehalten und weiter gegeben werden können
- Wie man aus unterschiedlichen Quellen (Sachbücher, Computer, Gespräche mit Experten) notwendige Informationen zusammentragen kann.

Handeln: Buchstaben und Schrift begegnen uns überall

Wozu braucht man Buchstaben?

Warum gibt es so viele verschiedene Buchstaben? Wo überall kann man sie finden? Diesen Fragen wollten die Kinder intensiver nachgehen. Sie suchten zu Hause nach Buchstaben, wurden vor allem in Zeitschriften und Zeitungen fündig und malten auch selbst Buchstaben. Wir stellten fest: Buchstaben können ganz unterschiedlich aussehen. Sie können klein oder groß sein und ganz verschieden gestaltet sein. Aber egal, wie sie aussehen, sie haben immer die gleiche Funktion: nämlich Wörter zusammenzusetzen. Wer erkennt den Anfangsbuchstaben seines Namens? Mit „A" wie bei Alina begannen gleich fünf weitere Namen, mit „E" wie bei Elias nur drei. Jedes Kind fand mit Stolz seinen Anfangsbuchstaben. Wer kann schon seinen Namen oder ein anderes Wort schreiben? Das war schon etwas schwieriger.

Nun war das Interesse an Buchstaben kaum noch zu bremsen. Als Josi damit begann, ihren Anfangsbuchstaben zu malen und auszuschneiden, wollten das natürlich alle. Die lustigen, in farbenfrohen Design gestalteten Buchstaben ließen wir einfach in unserem Gruppenraum von der Decke baumeln.

Auch im Kindergarten sind wir überall von Schrift umgeben. Mit Zettel und Stift gingen wir auf „Wörtersuche" (→ Abb. 2). Was könnten sie bedeuten? Zurück an der „Fundstelle" konnten wir sie schnell entschlüsseln.

Nun ging es mit der Kamera durch unseren Stadtteil. In Pankows Straßen entdeckten wir überall Wörter, manchmal konnte man ihre Bedeutung erahnen. Alle Kinder knipsten mindestens zwei Fotos mit sehr unterschiedlichen Schriften und Informationen, die sie ganz stolz den Eltern präsentierten.

Diese Fotos erwiesen sich für die Eltern als gute Anlässe, mit ihren Kindern über Buchstaben und deren Bedeutung ins Gespräch zu kommen.

Mit großem Spaß malten die Kinder von den Erzieherinnen Portraits und sammelten Autogramme, wie bei berühmten Schauspielern oder Sängern.

Finns und Helenas Väter sind Ärzte. Sie erzählten, dass sie Namensschilder an ihren Kitteln tragen, damit alle Patienten den Namen kennen. Das wollten wir auch gern haben. So bastelten wir uns aus Moosgummi und Stempeln solche Schilder und liefen mehrere Tage damit herum – wieder ein Anreiz, die Namensschilder der anderen zu lesen und sich zu freuen, wenn der eigene Name erkannt wird.

Abb. 2: Buchstabensuche in der Kita

Manche Kinder und Erwachsene brauchen Lesehilfen

In unserem Kindergarten begegnen wir Kindern und Erwachsenen, die eine Brille tragen. Wir wollten genauer wissen, warum das so ist und wie so eine Brille angefertigt wird. Danach fragen konnten wir Helenas Mutter, die als ausgebildete Optikerin bei einem Optiker arbeitet. Sie hatte sich Zeit genommen und zeigte uns, wie mit einem hochspezialisiertem Gerät die Sehschärfe des Auges festgestellt werden kann und danach die unterschiedlichen Brillengläser hergestellt werden (→ Abb. 3).

Auch wir versuchten, die großen und zunehmend kleiner werdenden Buchstaben auf der Tafel zu erkennen. Und anschließend konnten wir noch die vielen verschiedenen Gestelle für Brillen, auch für Sonnenbrillen bewundern. Das war für uns alle sehr spannend und sorgte noch lange Zeit für Gesprächsstoff.

Einige der Mädchen und Jungen wussten zu berichten, dass es auch Menschen gibt, die gar nicht sehen und lesen können, also blind sind. Für sie hat Louis Braille die Blindenschrift mit einem Tastalphabet erfunden, so dass sie die Buchstaben ertasten können. Diese Information hatten wir uns aus dem Internet geholt.

Dass das Ertasten der Buchstaben und das Lesen dieser Schrift sehr schwer ist, konnten wir selbst ausprobieren. Man kann nur die Punkte fühlen und muss deren Bedeutung kennen.

Abb. 3: Besuch bei der Optikerin

In Büchern kann man die Welt entdecken

Die Freude darüber, irgendwann sicher selbst interessante Bücher lesen zu können, war bei den Kindern schon sehr ausgeprägt. Sie hatten erkannt, dass man aus Büchern vieles erfahren kann, was man oft nicht selbst erleben kann, sie sind sozusagen das Tor zur Welt.

Zu unseren täglichen Kuschelstunden gehört z. B. das Vorlesen so toller Bücher wie das: „Sams" oder „Ronja Räubertochter". Wir sprachen darüber, dass sie von Schriftstellern und Dichtern geschrieben werden. Die Kinder fertigten im Spiel selbst kleine Bücher an, wollten aber auch gern ein „richtiges" Buch schreiben. Dabei half ich ihnen gern. Sie diktierten und illustrieren dann ihr eigenes Buch „Die Drachenschule".

Der baldige Schuleintritt bleibt natürlich ein wichtiges Thema. Wenn dabei auch noch manche Ängste auftreten, überwiegt doch die Vorfreude. Die Kinder sind der Bedeutung von Buchstaben ein Stück näher gekommen und freuen sich auf das Schreiben und Lesen in der Schule. Bis dahin werden wir aber noch vieles andere an den Buchstaben und den verschiedenen Schriften entdecken.

Nachdenken: Schrift(en) im alltäglichen Handeln erlebbar machen

Rückblickend kann ich festhalten, dass ich bei den Kindern die Vorfreude auf die Schule wachhalten und das Interesse an den Buchstaben und am Lesen von Büchern weiter vertiefen konnte. Das wird ihnen sicherlich in der Schule helfen, sich als selbstbewusste Persönlichkeiten zu behaupten und im Unterricht interessiert die Schriftsprache und damit das Lesen zu erlernen.

Es ist oft zu hören, wie vielen Jugendlichen das verstehende Lesen schwer fällt und wie wenig Interesse sie an Büchern zeigen, dafür lieber am Fernseher oder Computer sitzen. Kinder sind jedoch von sich aus an Sprache und Schrift interessiert, bevor sie selbst lesen und schreiben können. Zur Förderung der Sprachkompetenz braucht es keine gesonderten Sprachlernprogramme. Es kommt vielmehr darauf an, selbst die Augen offen zu halten, und Kindern in ihrem alltäglichen Handeln Schrift und Sprache erlebbar zu machen. Denn Sprache begegnet Kindern überall und jederzeit. Ich bin fest davon überzeugt, dass sich gerade in der frühen Kindheit das Interesse an Büchern ausprägt und ein Leben lang anhalten kann.

Wie sieht es bei euch aus?
Kinder besuchen sich gegenseitig in ihren Kindergärten
Sabine Colm & Gudrun Thiel

Erkunden: Den Erfahrungshorizont erweitern

Wir arbeiten in Kindergärten, die in verschieden Stadtbezirken Berlins liegen: der Kindergarten Rosenheimer Straße in Schöneberg am Bayerischen Platz, der Kindergarten Markgrafenstraße in Kreuzberg, zwischen dem Jüdischen Museum und dem Checkpoint Charlie. Als wir uns anlässlich einer Fortbildung über die Lebenssituationen von Kindern und Familien in unseren Kindergärten austauschten, stellten wir fest, dass die Kinder hier wie dort sehr aufgeschlossen für das Leben in ihrem Kiez sind. Sie besuchen gern die Spielplätze, erleben neugierig die Natur in den nahegelegenen Parks und sind ständiger Gast in der Bücherei. Interessiert verfolgen sie, wo etwas Neues entsteht und zeigen aufgeregt und stolz die ihnen bekannten und vertrauten Orte, so auch ihre Lieblingsplätze. Dies waren meist Spielplätze in der Nähe ihres Wohnhauses, Parks, in denen sie mit ihrer Familie Picknick machen, ihre Wohnhäuser und die ihrer Verwandten. Kinder des Kindergartens in der Markgrafenstraße hatten zum Beispiel ihre Lieblingsplätze und auch verschiedene freundliche Menschen im Stadtbezirk fotografiert und in einer imposanten Ausstellung präsentiert.

Daran wollten wir anknüpfen und den Erfahrungshorizont der Kinder in ihrem Heimatort, der Hauptstadt Berlin erweitern. Was gibt es in anderen Stadtbezirken zu sehen? Gibt es auch woanders Kindergärten? Was ist dort wie bei uns und was ist anders?

Durch Besuche in dem jeweils anderen Kindergarten wollten wir den Kindern ermöglichen, neue Eindrücke vom Leben in der Stadt Berlin zu gewinnen und mit anderen gleichaltrigen Kindern freundschaftliche Kontakte zu knüpfen.

Orientieren: Interesse und Neugier für Neues wecken

Mit den gegenseitigen Besuchen wollten wir bei den Jungen und Mädchen

- Die Neugier und die Lust wecken, Neues und Unbekanntes in ihrer Stadt zu entdecken
- Ihre Kenntnisse über das Leben der Menschen in anderen Stadtbezirken erweitern (Was ist gleich, was anders?)
- Ihre Freude wecken, andere Kinder zu besuchen und sie mit einem Gastgeschenke zu überraschen
- Ihr Selbstbewusstsein stärken, sich zur Kindergemeinschaft zugehörig zu fühlen und sich mit dem Leben in ihrer Stadt zu identifizieren

- Ermutigen, ihre eigenen Iden und Vorschläge einzubringen und Fragen zu stellen.
- Und schließlich sollten sie auch lernen, unterschiedliche Verkehrsmittel zu benutzen, Fahrkarten zu kaufen und sich in der Stadt zu orientieren.

Handeln: Freundschaftliche Beziehungen knüpfen

Kindergarten Markgrafenstraße zu Besuch in der Rosenheimer Straße

Als wir den Kindern vorschlugen, doch einmal einen Kindergarten in einem anderen Stadtbezirk, nämlich in der Rosenheimerstraße im Stadtteil Schöneberg zu besuchen, war die Begeisterung groß. Sofort erkundeten sie auf dem Stadtplan, wo sich der Kindergarten befindet und wie man dort hinkommt, nämlich mit der U-Bahn.

Wenn man irgendwo eingeladen ist, bringt man ein Geschenk mit, um eine Freude zu bereiten, das wussten alle aus eigener Erfahrung. Die Mädchen und Jungen erzählten, dass sie zu Besuchen häufig Blumen oder etwas Essbares mitnehmen würden. Wir überlegten, worüber sich die Kinder freuen würden und beschlossen, einen Kuchen zu backen und etwas zum Spielen mitzunehmen. Alles wurde lustig verpackt (→ Abb. 1).

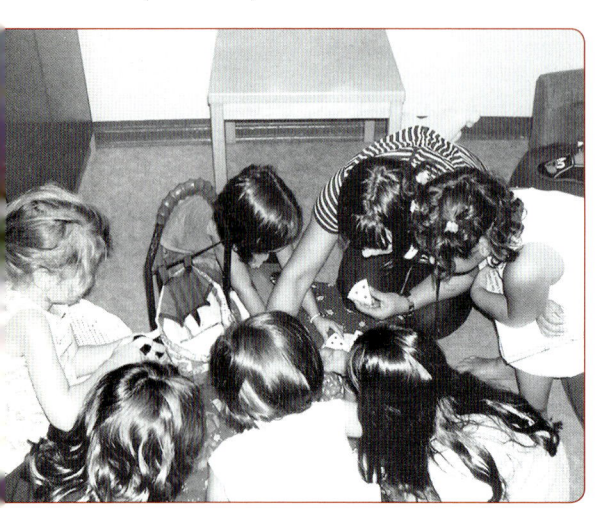

Abb. 1: Die Kinder verpacken ihr Gastgeschenk

Am nächsten Tag ging es los. Schon auf der Hinfahrt bemerkten die Kinder sofort die Veränderung der Umgebung, und zwar, dass es dort viel mehr Bäume gab als in der stark bebauten Umgebung unseres Kindergartens.

Angekommen, bestaunten alle den großen Garten und die vielen Spielgeräte. Besonders spannend fanden die Mädchen und Jungen die Schneckenzucht, die eine Erziehern dort angelegt hat. Sie beobachteten interessiert die Eier, die die Schnecken legten und waren überrascht, wie schnell ein Schneckenbaby herauskam.

Die Kinder bemerkten aber auch sofort die Gemeinsamkeiten mit ihrem eignen Kindergarten und zwar die Waschräume, die Speisepläne, die Fotowände der Kinder und die Sprachlerntagebücher.

Kindergarten Rosenheimer Straße empfängt die Kinder aus der Markgrafenstraße

Als die Kinder aus der Markgrafenstraße mit ihren Erzieherinnen bei uns in der Rosenheimer eintrafen, waren unsere Kinder verständlicherweise zunächst etwas zurückhaltend. Die Besucher überraschten uns mit kleinen Geschenken. Als wir die Mitbringsel auspackten, den Kuchen sofort kosteten und die Spielsachen ausprobierten, waren die Spannung und die Freude auf allen Seiten riesengroß.

Dieses Erlebnis baute spontan Brücken zueinander auf, die gegenseitige Freude und Aufmerksamkeit waren unmittelbar zu spüren. Sofort machten sich die Kinder zum gemeinsamen Spielen auf. Die Puppenecke, der Bauteppich und Malutensilien standen nun im Mittelpunkt der gemeinsamen Interessen. Etwas später wurde unsere Gruppenetage besichtigt und begutachtet. Die Kinder entdeckten und verglichen die ihnen aus ihrem Kindergarten bekannten und ähnlichen Dinge, aber sie fanden auch Neues.

Voller Stolz und mit Zugehörigkeitsgefühl zeigten die Rosenheimer Kinder ihren Gästen das Haus und geradezu enthusiastisch den großen, mit vielerlei Spiel- und Abenteuermöglichkeiten ausgestatteten Garten. Und dann wurde der größte Schatz präsentiert, nämlich unsere neuen Haustiere: die Schneckenfamilie. Beim Säubern des Glases und der Erde und der Fütterung entdeckten wir Schneckeneier, wovon nicht nur unsere Besucher begeistert waren. Dieser Nachwuchs war bei vielen Kindern der Höhepunkt des Tages.

Abb. 2: Warten auf das gemeinsame Mittagessen

Im Mittelpunkt stand das gemeinsame Tätigsein der Kinder. So säuberten sie zusammen Stühle und Tische und stellten diese auf ansprechende Weise auf, um miteinander das Mittagessen im Grünen zu genießen (→ Abb. 2). Die Sitzordnung regelten die Kinder eigenverantwortlich; so entstanden gemischte Tischrunden. Selbstverantwortlich und fürsorglich wurden die Besucher auch in die Waschräume geführt. Alles in allem für viele Kinder und auch für uns ein unvergessliches Erlebnis.

Die Rosenheimerstraße besucht den Kindergarten Markgrafenstraße

Für unseren Gegenbesuch mussten wir entsprechende Vorbereitungen treffen. Da unsere Kinder die Mädchen und Jungen aus der anderen Kita nun ja schon kannten, waren sie voller Vorfreude, Erwartung und Aufregung. Es waren ja bereits engere Kontakte geknüpft worden.

Im Morgenkreis suchten wir mit Hilfe eines U-Bahn-Plans die Fahrtroute heraus und zählten die zu fahrenden Stationen, wobei auch das Umsteigen berücksichtigt wurde. Die Kinder sammelten nun Ideen und Vorschläge für unser Gastgeschenk. Sie entschieden sich dafür, ein sogenanntes „Spiel-Essen" und eine Fotografie zu den „Markgrafen" mitzubringen. Das Foto wurde gerahmt und mit diversen Kinderideen verziert und die Geschenke liebevoll verpackt.

„Wie oft müssen wir noch schlafen?" war von nun an die Hauptfrage an jedem Tag. Vorfreude und Spannung waren nicht zu steigern. Durch die gemeinsamen Besuchsvorbereitungen war das Interesse der Kinder natürlich riesengroß. Am Besuchstag waren alle sehr aufgeregt und gespannt. Die Kinder konnten es kaum erwarten, die „Markgrafen" wiederzusehen und deren Kindergarten kennenzulernen. Mit großer Gastfreundschaft wurden wir empfangen. Schnell wurden die Geschenke herausgeholt und überreicht und mit Begeisterung ausgepackt (→ Abb. 3).

Zur Überraschung und Freude aller, wurde der Bilderrahmen sofort im Flur aufgehängt. Später konnten wir beobachten, dass sich Kinder immer wieder unter dem Foto trafen und gestenreich Gedanken und Erfahrungen austauschten.

Abb. 3: Beim Auspacken der Geschenke

Stolz und voller Selbstbewusstsein stellten die Gastgeber ihre Räume vor, die einzelnen Spielecken und ihre Lieblingssachen. Im Mittelpunkt stand jedoch die Terrasse mit den aufgestellten Planschbecken und diversen Wasserspielmöglichkeiten. So hatte jeder Kindergarten etwas Besonderes zu bieten. Glücklicherweise war der Besuchstag ein sehr heißer Tag. So konnten die mitgebrachten Badesachen sofort eingesetzt werden. Schnell bildeten sich fröhliche Spiel- und Planschgemeinschaften.

Mit einem gemeinsamen Mittagessen wurde der Besuchstag abgeschlossen.

Nachdenken: Auch mal neue Wege gehen

Mit den gegenseitigen Besuchen in unseren Kindergärten haben wir etwas Neues erprobt. Der Erfolg bestätigt uns in unserem Vorgehen. Es ist uns gelungen, den Mädchen und Jungen einen Einblick in das Lebensumfeld von Kindern in einem anderen Kindergarten und damit zugleich in einem anderen Stadtbezirk zu ermöglichen. Auf diese Weise konnten die Kinder ihr Erfahrungsfeld erweitern und die Identifikation und das Verständnis für das vielschichtige Leben in ihrem Heimatort Berlin vertiefen.

Im Rahmen der Vorbereitung und Gestaltung der gegenseitigen Besuche erlebten die Kinder Gefühle der Freundschaft und den Sinn und die Bedeutung von Geschenken. Sie konnten sich mit ihren Ideen und Einfällen aktiv und selbstbewusst einbringen, was ihr Selbstvertrauen und ihre Selbständigkeit bestärkte. Besonders engagiert und sachkundig zeigten sich einige beim Heraussuchen der Fahrroute auf dem Stadtplan, was für andere noch eine neue Herausforderung war.

Wir werden weiterhin verschiedene Möglichkeiten nutzen, um das Interesse der Kinder am Leben in unserer Stadt wach zu halten, und sie anregen, selbst auch aufmerksam zu sein für bedeutsame Entwicklungen und Ereignisse in ihrer Stadt.

Der Spielplatz wird neu gestaltet – Unsere Ideen sind gefragt

Bärbel Mende, Sevda Demir & Kerstin Hoffmann

Erkunden: Wie können wir die Kinder beteiligen?

Endlich war die finanzielle Förderung für die schon lange geplante Umgestaltung unseres Spielplatzes bewilligt. Unser erster Gedanke war, wie wir die Kinder in das Vorhaben einbeziehen, wie wir sie von Anfang an aktiv daran beteiligen können. Denn ein Grundsatz der pädagogischen Arbeit unseres Teams ist, den Kindern die Möglichkeit zu geben, ihre Interessen, Ideen und Wünsche zu äußern, und sie erleben zu lassen, dass ihre Meinung wichtig ist und wahrgenommen wird.

Unsere Kindertagesstätte, die Kinder verschiedenster kultureller und sozialer Herkunft besuchen, befindet sich im Berliner Stadtteil Gesundbrunnen. Unser Haus bietet vielfältige Möglichkeiten, mit anderen Kindern zu spielen, sich vielseitige Erfahrungen und Kenntnisse in den verschiedensten Lebensbereichen anzueignen oder sich auch mal zurückzuziehen. Leider bot die Ausstattung unseres Spielplatzes nicht die gleichen Anregungen und Möglichkeiten. Es gab nur wenige Spielgeräte und kaum Grünflächen, ganz zu schweigen von Herausforderungen für Abenteuer und Bewegung. Da immer mehr Krippenkinder zu uns kamen, stellte sich uns auch diesbezüglich die Frage, wo die Jüngsten im Garten spielen könnten, denn die größte Fläche des Gartens bestand aus Sand.

Den Eltern war ebenso daran gelegen, dass der Garten erholsamer und interessanter gestaltet wird und den Kindern somit mehr Abwechslung und Anregungen bietet.

Nun sollte es endlich mit der Umgestaltung losgehen und uns war es ein grundlegendes Anliegen, Kinder und Eltern von Beginn an mit ihren Ideen und Wünschen aktiv daran mitwirken zu lassen.

Orientieren: Kinder in demokratische Entscheidungsprozesse einbeziehen

Durch die Teilhabe an der Planung und der Umgestaltung unseres Spielplatzes sollten die Mädchen und Jungen erleben, dass sie selbst ernsthaft in Entscheidungsprozesse miteinbezogen werden und die Verwirklichung dieses Vorhabens beeinflussen können. Damit wollten wir ihnen die Erfahrung ermöglichen, dass jedes Mädchen und jeder Junge seine Meinung und Ideen äußern kann und dass es sich lohnt, anstehende Aufgaben durch eigenes Mitwirken gemeinsam zu lösen.

Die Kinder sollten ein Grundverständnis dafür entwickeln, dass man auch andere Ansichten anhören, sich in die Perspektive anderer hineinversetzen und notwendige Entscheidungen akzeptieren muss (z. B. durch Leitung und Gartenarchitektin), dass nicht jeder Wunsch zu erfüllen ist und man Kompromisse schließen kann.

Wir wollten den Kindern den Zugang zu neuem Wissen und Erfahrungen im Umgang mit verschiedenen Medien (wie Fachliteratur, Anschauungsmaterial, Fotoapparat, Computer) eröffnen und ihre praktischen Fähigkeiten bei der Pflege von Pflanzen erweitern.

Letztendlich sollten sie dadurch erste Erfahrungen mit demokratischen Beteiligungs- und Aushandlungsprozessen gewinnen können.

Handeln: Kinder wirken bei der Planung und Gestaltung aktiv mit

Vorschläge entwickeln und Ideen einbringen

Zunächst informierten wir die Kinder über die Absicht und Möglichkeit, unseren Spielplatz umzugestalten. Wir besprachen den genauen Ablauf, dass erst einmal alle Spielgeräte entfernt, die Grünfläche umgestaltet und anschließend viele neue Geräte zum Spielen und Toben aufgebaut werden können. Daran anknüpfend ermunterten wir die Jungen und Mädchen, ihre Ideen und Wünsche zu äußern. Sie waren gleich begeistert und hatten viele Vorstellungen für die Gestaltung des Spielplatzes, wie z. B. Yussuf (vier Jahre): „Ich will Rutsche, weil die haben wir nicht." Es gab immer wieder neue Vorschläge und Anregungen, die auf einem Plakat gesammelt wurden.

Aus eigener Erfahrung wussten wir, um sich beteiligen zu können, muss man zunächst wissen, worum es geht. Um genauere Vorstellungen zu entwickeln, wie unser Spielplatz eines Tages aussehen könnte, besuchten wir zahlreiche Spielplätze in unserer Umgebung. Gleich vor Ort verständigten sich die Kinder darüber, welche Spielgeräte und Spielmöglichkeiten ihnen besonders gefielen. So war z. B. Ahmed (fünf Jahre) von der Seilbahn begeistert, Alia (vier Jahre) wünschte sich ein Klettergerüst. Als wir uns anschließend über die Wünsche austauschten, wurden die Vorschläge und Ideen der Kinder immer konkreter. Gemeinsam entschieden sie: Eine Wasserspielmöglichkeit darf nicht fehlen.

Wir überlegten uns, wie wir die Ideen der Kinder besser veranschaulichen und transparenter gestalten können. Denn nicht nur wir, die Erzieherinnen, waren interessiert, sondern auch die Gartenarchitekten wollten über die Wünsche der Kinder genau informiert werden. Wir entschieden uns, alles auf ein großes Blatt Papier aufzumalen. Die Kinder mussten sich nun ganz genau absprechen, wer von ihnen was und wohin malen wollte. Sie verständigten sich untereinander und überlegten gemeinsam, wie sie das Blatt gestalten wollten. Dementsprechend ordneten sie sich um das auf dem Fußboden liegende Blatt herum. Zur Orientierung zeichneten wir als nächstes einen

Umriss des Spielplatzes, in den sowohl die jüngeren als auch die älteren Kinder ihre Ideen malten. So wünschten sie sich eine große Rutsche. Milana (vier Jahre) wollte gern „ganz viele Schaukeln, wie da auf dem Spielplatz, dann können viele Kinder schaukeln". Außerdem malten sie eine Wippe, einen Sandkasten und ganz viel Rasen – insbesondere zum Picknicken. Als die Kinder fertig waren, bewunderten sie ihr Werk und freuten sich jetzt schon darauf, wie ihr Spielplatz eines Tages aussehen könnte.

Kompromisse aushandeln

Bei den Zusammenkünften mit der Gartenarchitektin und der Leiterin stellten die Kinder ihre Ideen vor. Sie erlebten, dass ihre Vorschläge aufmerksam entgegengenommen wurden. Die Architektin zeigte uns anhand des Bauplanes, wo die Ideen der Kinder beachtet worden waren (→ Abb. 1). Wir mussten aber leider auch erfahren, dass aus finanziellen und architektonischen Gründen sowie der zur Verfügung stehenden Fläche nicht alle unsere Vorstellungen umgesetzt werden konnten.

Die Kinder erlebten, dass ihre Meinung wichtig war und ernstgenommen wurde, dass aber auch noch andere Sachzwänge beim Bau des Spielplatzes eine Rolle spielten.

Da ihre größten Wünsche, wie eine Schaukel, ein Kletterhaus mit Rutsche sowie eine Wasserspielmöglichkeit, aber berücksichtigt worden waren, trugen sie zufrieden die Entscheidung mit. Sie wollten natürlich alle beim Spielplatzbau mitmachen und warteten darauf, dass es los geht.

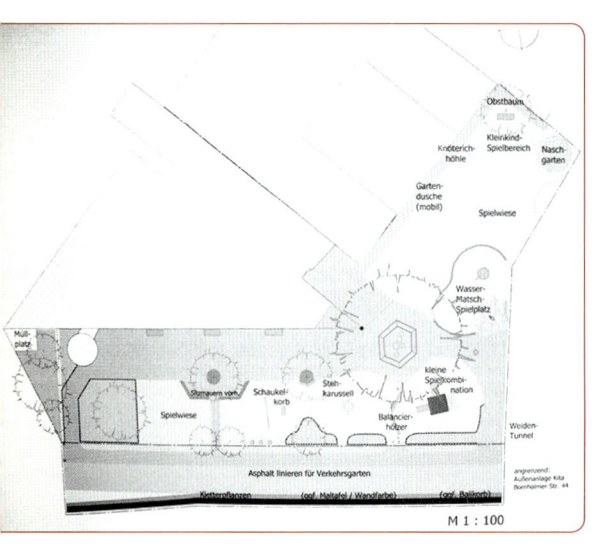

Abb. 1: Der Bauplan für unseren neuen Spielplatz

Pflanzaktionen im Garten

Nach dem Baubeginn im Herbst verfolgten die Kinder aufmerksam, wie sich der Platz veränderte. Wir wollten nichts verpassen. Den Kindern und Erzieherinnen machte es großen Spaß, die täglichen Veränderungen genauestens zu beobachten, zu fotografieren und auch anderweitig zu dokumentieren (→ Abb. 2). Das Bauen auf dem Spielplatz war als ständiges Thema im Haus präsent: ob in der Bauecke, wo die Kinder ihren Spielplatz mit den zur Verfügung stehenden Materialien immer wieder neu nachbauten oder beim Anfertigen ihrer Bauzeichnungen.

Der Spielplatz wird neu gestaltet

Abb. 2: Die Kinder dokumentierten alle Veränderungen

Abb. 3: Mit vereinten Kräften wurde gebuddelt und gepflanzt

Dann war es endlich so weit: Die Kinder konnten das erste Mal in einem Teil des Spielplatzes, im neu angelegten Garten direkt aktiv werden. In Absprache mit der Gartenarchitektin wurde die Pflanzung der Frühjahrsblüher gemeinsam mit den Kindern geplant. In Vorbereitung auf diese Aktion beschäftigten wir uns mit dem Thema: Frühblüher: Was ist das überhaupt? Wann werden sie gepflanzt? Warum vor dem Winter? Wie sehen sie aus?

Viele Fragen beschäftigten die Jungen und Mädchen – sowohl die jüngeren als auch die älteren. Sie waren neugierig und offen für neue „Pflanzerfahrungen". Einige Kinder wussten schon viel und konnten sich mit ihrem Wissen in die Diskussion einbringen.

Unter Anleitung der Gartenarchitektin wurde die gemeinsame Pflanzaktion mit den Kindern ein voller Erfolg (→ Abb. 3). Beim Setzen der Pflanzenzwiebeln mussten sich die Kinder mit Fragen auseinandersetzen wie z. B.: Welches Werkzeug brauchen wir? Wie benutzen wir das Werkzeug? Wie tief muss ich das Pflanzloch in die Erde graben? Wie lege ich die Zwiebel richtig hinein? Alle diese Fragen konnten im Verlaufe der Aktion, eben im aktiven Tätigsein der Kinder beantwortet werden.

Im Januar war der Garten fertig gestellt und von der Bauaufsicht abgenommen. Leider durften wir ihn noch nicht betreten, um das Anwachsen der Pflanzen und des Rollrasens nicht zu gefährden. Dies verstanden und akzeptierten die Kinder unserer Kita sehr gut – jedoch nicht alle Kinder aus der Umgebung und Nachbarschaft. Immer wieder mussten wir erleben, wie einige unwissentlich unseren Garten benutzten. Die Kinder hatten Angst, dass der Garten zerstört ist, bevor sie ihn feierlich eröffnen konnten.

Im Morgenkreis diskutierten wir darüber und die Kinder beschlossen: Wir müssen etwas tun. So entstand die Idee „Stoppschilder" zu basteln. Wir holten unsere Verkehrskiste und schauten uns an, welche Verbotsschilder es gibt. Die Kinder erkannten, dass alles Verbotene rot gekennzeichnet ist. Als sie die Buchstaben nachschrieben, kamen sie mit Schrift und Zeichen in Berührung. Sie schrieben STOP und BETRETEN VERBOTEN. Wir besorgten uns Absperrband und befestigten unsere wetterfesten laminierten Schilder daran. Die älteren Kinder sperrten mit den Erzieherinnen den Garten ab und: Die Maßnahme erwies sich als erfolgreich. Voller Stolz und Befriedigung stellten die Kinder fest, dass niemand mehr unseren Garten betrat.

Endlich war es soweit! Im April konnten die Kinder ihren neuen Spielplatz einweihen. Gemeinsam mit allen Beteiligten fand eine feierliche Eröffnung mit dem symbolischen Durchschneiden eines Bandes statt, so wie es immer in den Medien zu sehen ist. Jetzt zählte für die Mädchen und Jungen nur noch eins: den Garten und vor allem auch den schönen Rasen neugierig und mit viel Spaß in Besitz zu nehmen (→ Abb. 4).

Zum krönenden Abschluss des Umbaus unseres Spielplatzes organisierten wir ein großes Einweihungsfest gemeinsam mit Kindern, Eltern, Erzieherinnen und dem Leitungsteam. Wir feierten ein großes Sommerfest mit vielen Spielen und Attraktionen. Ein Höhepunkt war der Dank an alle Beteiligten, eben auch an die Kinder, was alle mit großem Stolz erfüllte. Gemeinsam hatten wir es geschafft.

Abb. 4: Das neue Klettergerüst war von Anfang an heiß begehrt

Nachdenken: Demokratisches Handeln erlebbar machen

Bei der Umgestaltung des Spielplatzes konnten die Kinder die Erfahrung machen, dass sie in demokratische Entscheidungsprozesse einbezogen wurden. Sie konnten unterschiedliche Möglichkeiten der Mitwirkung kennenlernen und erleben. Dadurch war es ihnen möglich, sich ihrer Entwicklung gemäß an der Planung und Gestaltung unseres Spielplatzes und des Gartens zu beteiligen. Sie konnten ihre Ideen transparent für alle zum Ausdruck bringen, wie z.B. in ihren gemalten Bauzeichnungen oder den Fotos der Baubeobachtungen. Ihre Meinungen und Ideen wurden ernst genommen und sie konnten sich als selbstbewusste Persönlichkeiten wahrnehmen.

Die Kinder erlebten auch, dass es verschiedene Erwartungen und Meinungen gibt, der eigene Wunsch nicht immer durchgesetzt werden kann und deshalb Kompromisse gemeinsam ausgehandelt werden müssen.

Es zeigte sich aber auch, dass es den Kindern am meisten Spaß macht, wenn ihre Ideen gefragt sind und sie selbst aktiv mitmachen können. Ob es die konkreten Aktivitäten zur Planung des Gartens oder die verschiedenen Pflanzaktionen waren: Durch eigenes Tun konnten sie erleben, was sie gemeinsam erreichen können.

Auch für uns Erzieherinnen war es sehr interessant und befriedigend, diese Zeit des Planens, Entscheidens und Gestaltens mitzuerleben, die Kinder dabei zu beobachten, zu begleiten und zu unterstützen.

Wer ist Bruder Jakob?
Auf den Spuren der Geschichte eines Liedes
Team des Kindergartens Lüneburger Straße

Erkunden: Ein Lied begeistert die Mädchen und Jungen

Unserer Kindergarten liegt in der Lüneburgerstraße in der Nähe eines Neubaugebietes an der Spree. Ca. 100 Kinder unterschiedlichster sozialer und kultureller Herkunft zwischen ein bis sechs Jahren können ihn ganztags besuchen. Die Arbeit in den zwei Etagen ist offen strukturiert. Zur Zeit des Projekts waren drei Erzieherinnen für die Betreuung und zielgerichtete Förderung der Bildung und Erziehung von 24 zwei- bis dreijährigen Kindern verantwortlich.

Abb. 1: Beim Notenlesen

Wir konnten beobachten und auch hören, dass die Mädchen und Jungen ständig fröhlich und ausgelassen das Lied vom „Bruder Jakob" sangen (→ Abb. 1). Zu unserem Morgenkreis wünschten sie sich als Begrüßungslied immer wieder dieses Lied, obwohl unser Repertoire weit mehr als 20 Lieder umfasst. Auch ihre Spiele auf unserer Theaterbühne begannen zielstrebig mit den Textzeilen. Dabei unterstützten sie sich mit den verschiedensten Instrumenten.

Wir fragten uns im Team, warum dieses Lied soviel begeisterten Anklang fand. Sicherlich ist es die eingängige, sich wiederholende Melodie mit dem Refrain „Ding dang dong, ding dang dong", den alle sofort mitsingen konnten. Immer wieder fragten sie uns: „Wer ist denn Bruder Jakob"? „Wozu brauchte er eine Glocke?"

Wir wollten diese Neugier der Mädchen und Jungen im Sinne einer Schlüsselsituation aufgreifen und zum Anlass nehmen, ihren Erfahrungshorizont bzw. ihren Blick in die Welt zu erweitern und ein erstes Verständnis für traditionelle und religiöse Traditionen anbahnen. Als eine Grundlage hierfür diente uns die historische Überlieferung der Legende um den Jakobsweg.

Der Jakobsweg

Als Jakobsweg wird der Pilgerweg zum Grab des Apostel Jakobus in Santiago de Compostela in Spanien bezeichnet. Es handelt sich in erster Linie um den sogenannten Camino Francés, jene hochmittelalterliche Hauptverkehrsachse Nordspaniens, die von den Pyrenäen zum Jakobsgrab reicht und dabei die Königsstädte Jaca, Pamplona, Estella, Burgos und León miteinander verbindet. Die Entstehung dieser Route fällt in die erste Hälfte des 11. Jahrhunderts.

Das Grab des Apostels Jakobus in Santiago de Compostela entwickelte sich im Mittelalter neben Rom und Jerusalem zum dritten Hauptziel der christlichen Pilgerfahrt.

Nach der Wiederbelebung der Pilgerfahrt nach Santiago de Compostela in den 1970er und 1980er Jahren wurde der spanische Hauptweg 1993 in das UNESCO-Welterbe aufgenommen. Inzwischen durchzieht ein Netz von Pilgerwegen ganz Europa. Die Jakobsmuschel ist das Pilgerabzeichen, das als Nachweis dient, das der Pilger tatsächlich die Reise absolviert hat.

(Quelle: http://de.wikipedia.org/wiki/Jakobsweg

Orientieren: Der Geschichte und Bedeutung eines Liedes nachgehen

Mit der weiteren Auseinandersetzung über das Lied und seine Ursprünge wollten wir

- Das Interesse und die Neugier der Kinder an dem Lied und der Geschichte vom Bruder Jakob wach halten
- Ihnen erste Einsichten in historisches Weltkulturerbe ermöglichen, und ihr Verständnis vertiefen, warum das Lied in so vielen Sprachen gesungen wird
- Die Phantasie und Vorstellungskraft der Mädchen und Jungen anregen und sie ermutigen, eigene Versionen und Ausdrucksmöglichkeiten ihrer Eindrücke und Erlebnisse zu finden.

Wir wollten auch die Eltern einladen, sich vielleicht an ihre Kindheit zu erinnern, mit uns gemeinsam das Lied in ihrer Herkunftssprache zu singen, und überhaupt unsere historischen Erkundungen zu Bruder Jakob und dem Jakobsweg zu verfolgen und zu unterstützen.

Handeln: Vielfältige kindgemäße Zugänge ermöglichen

„Bruder Jakob" – ein Lied in vielen Sprachen

Zunächst unterstützten wir die Kinder, ihr Lieblingslied in allen möglichen Sprachen zu singen. Da es sich um eine einfache und sehr eingängige Melodie handelt, hatten die Kinder sehr viel Spaß daran, es immer wieder mal englisch, mal französisch oder auch in anderer Sprache zu singen. Wir hatten dazu die Texte in verschiedenen Sprachen für uns und die Eltern an unserer Dokumentationswand angebracht.

> Frère Jacques ist ein französisches Kinderlied, das im deutschen Sprachraum unter dem Titel Bruder Jakob bekannt ist. Die Quelle des Liedes ist nicht abschließend geklärt. Es gibt jedoch Hinweise darauf, die eine Verbindung des Liedes mit dem Jakobsweg nach Santiago de Compostela vor dem 17. Jahrhundert nahe legen würden.
>
> Frère Jacques ist nicht nur in deutscher und französischer Sprache, sondern in allen europäischen Sprachen bekannt sowie in vielen Sprachen außerhalb Europas. Sie sind zu finden unter: http://de.wikipedia.org/wiki/Fr%C3%A8re_Jacques

Die Faszination von Glocken entdecken

In einem unserer Morgenkreise lenkten wir das Interesse der Kinder auf die Glocken. Wir hatten natürlich verschiedenste Glocken mitgebracht, die die Kinder sofort ausprobieren wollten und konnten. Welche Glocken sollte der Bruder Jakob denn hören? Na, die im Turm der Stadt (der Kirche von Santiago de Compostela in Spanien).

Die Kinder berichteten sofort von den Glocken, die sie selbst kannten. Wir beschlossen, uns in den nächsten Tagen Kirchtürme mit Glocken in unserer Umgebung anzusehen. So führten uns die nächsten Spaziergänge in kleinen Gruppen zu dem Glockenturm in der Kirchstraße und zu dem Carillon neben dem „Haus der Kulturen der Welt". Ausgerüstet mit Digitalkamera und Videokamera gingen wir los. Gebannt warteten wir, dass die Glocken um 11.00 Uhr bzw. um

Abb. 2: Mit viel Phantasie bauten die Kinder Glockentürme aller Art

12.00 Uhr schlagen würden. Als es dann soweit war, konnten wir die Schläge laut mitzählen.

Das Anschauen der Videos und Fotos von den Ausflügen zu den beiden unterschiedlichen Glockentürmen erwies sich als sehr anregend. Die Jungen und Mädchen erzählten den Kindern, die nicht dabei gewesen waren, von ihren Eindrücken und Erlebnissen. Glocken waren nun unser nächstes Thema. Wir, die Kinder und auch Eltern brachten alle möglichen Glocken mit und gestalteten eine kleine Glockenausstellung. Das wiederum regte dazu an, in der Bauecke die verschiedensten Glockentürme zu bauen und zu bestaunen (→ Abb. 2).

Die Geschichte vom „Bruder Jakob"

Nun gab es eine Theatervorstellung der besonderen Art. Drei unserer Erzieherinnen spielten auf der Bühne die Legende von zwei Pilgern, die beiden Brüder Jakob und Paulus, die sich auf eine lange und beschwerliche Reise machten, um den Apostel Jakobus zu besuchen (→ Abb. 3). Der Weg, der sie da hinführte, trug den Namen Jakobsweg. Sie hatten eine große Landkarte mit dem eingezeichneten Weg dabei, um sich nicht zu verlaufen. Nachts mussten sie sich natürlich ausruhen, und früh am morgen wurden sie von den Glocken geweckt. Der Bruder rief: „Bruder Jakob, Bruder Jakob, hörst du nicht die Glocken?" (da stimmten die Kinder natürlich

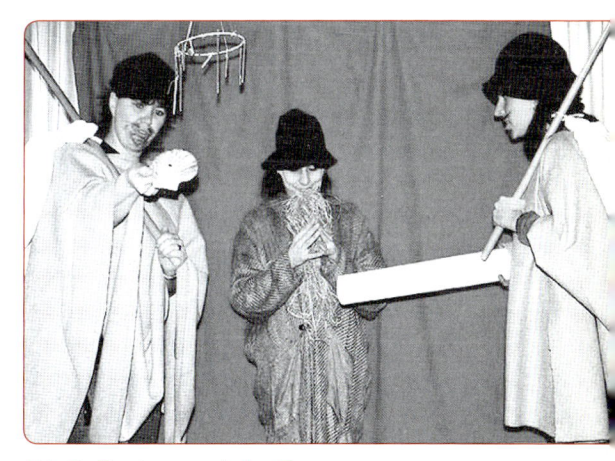

Abb. 3: Theater – auch eine Form der Wissensvermittlung

begeistert mit ein). Nach vielen Tagen und Nächten erreichten die beiden Pilger den Apostel Jakobus und bekamen für ihre Anstrengungen eine Jakobsmuschel geschenkt. Natürlich wurde auch jedem Kind eine Muschel überreicht.

Die Mädchen und Jungen verfolgten mit Vergnügen die Aufführung ihrer Erzieherinnen. Einige hatten gleich Lust, ihre Eindrücke vom Bruder Jakob durch verschiedene Tätigkeiten und mit diversen Materialien auszudrücken, ihn zu malen, zu formen oder nur die Geschichte nachzuspielen. Sie machten sich Gedanken, welche Farbe seine Haare hätten haben können, welchen Mantel er angehabt hätte, usw.

Weitere „Begegnungen"

Nun eröffneten wir in einem unserer morgendlichen gemeinsamen Gespräche unsere Kunstkiste, in der sich ein Gemälde von Rembrandt mit dem Titel „Der alte Apostel Jakobus" befand.

Die Kinder stellten sofort fest, dass er wie ein Opa aussieht, dass er einen Bart hat, dass er betet, was viele von ihnen mit eigenen Erfahrungen („Mein Papa hat auch so einen Bart", „Wir beten auch manchmal") verbanden. Durch das Bild erhielten sie nochmals viele neue Impulse, ihre Empfindungen, Eindrücke und Beziehungen zu dem alten Jakobus in der ihnen gemäßen Art und Weise auszudrücken.

An einem der nächsten Tage hatten wir ganz besondere Gäste. Michels Eltern, Musiker von Beruf, gaben ein kleines Konzert mit dem Lied vom Bruder Jakob – in verschiedenen Musikstilen und mit verschiedenen Instrumenten. Jede Variation des Liedes enthielt eine eigene kleine musikalische Improvisation und wurde so für uns alle zu einem einmaligen Erlebnis.

Die Legende vom Apostel Jakobus und den Pilgern auf dem Jakobsweg blieb noch lange Inhalt der Gespräche, der verschiedenen Spiele, z. B. auch mit selbst angefertigten Handpuppen, der musikalischen Betätigungen und des bildnerischen Gestaltens der Jungen und Mädchen. Durch unsere anschaulichen Dokumentationen konnten interessierte Eltern den Verlauf unserer historischen Zeitreise verfolgen und sich mit ihren Eindrücken beteiligen.

Nachdenken: Wir haben gemeinsam viel Neues erfahren und gelernt

Pilgerreisen auf dem Jakobsweg haben zurzeit Hochkonjunktur. Menschen mit verschiedensten Motiven machen sich in ganz Europa unter dem Motto „Der Weg beginnt vor ihrer Haustür" auf den Pilgerweg zu dem Grab des Apostel Jakobus im spanischen Santiago de Compostela. Einer der Bekanntesten unter ihnen, Harpe Kerkeling, beschrieb in dem 2006 meist verkauften Buch „Ich bin dann mal weg" seine Erlebnisse auf dem Jakobsweg.

Wir wollten Kindern ermöglichen, erste Beziehungen zu einem ausgewählten Weltkulturerbe zu entwickeln, die sich als Grundhaltungen gegenüber kulturellen Werten ein Leben lang halten können. Dabei war es uns wichtig, ein ganzes Spektrum von Zugängen zu eröffnen, die es jungen Kindern ermöglichen, sich noch Unbekanntes in einer ihnen gemäßen Art und Weise zu erschließen. Damit konnte jedes Kind ganz individuell Eindrücke gewinnen und verarbeiten. Wir erlebten, wie offen und unvoreingenommen Kinder christlichen Traditionen begegnen, gemeinsam über den Sinn von Ritualen nachdenken, Vermutungen anstellen und ihre Gefühle ausdrücken.

Wir Erzieherinnen haben uns selbst intensiv mit einem UNESCO-Welterbe auseinandergesetzt, und gemeinsam mit den Kindern viel Neues und Interessantes gelernt.

Wie viel Fernsehen ist in Ordnung und welche Sendungen sind gut für mein Kind?

Team des Kinder- und Familienzentrums Neue Steinmetzstraße

Erkunden: Welche Unterstützung brauchen Kinder und Eltern?

Unser Kinder- und Familienzentrum

Unser Kinder- und Familienzentrum liegt im Berliner Bezirk Tempelhof-Schöneberg, genauer gesagt im Schöneberger Norden. Dieser Stadtteil ist durch einen hohen Bevölkerungsanteil nichtdeutscher Herkunft gekennzeichnet. Hier leben insbesondere türkische Migrantenfamilien.

Um Familien verschiedenster kultureller und sozialer Lebenssituationen im Sozialraum nachhaltig zu unterstützen, entstand die Idee, die ursprüngliche Kindertagesstätte in ein Kinder- und Familienzentrum umzuwandeln. Angesichts des demographischen Wandels brauchen Familien neue Formen der lokalen Vernetzung und vernetzte Unterstützungsdienste.

Die beiden getrennten Gebäudeeingänge bieten eine gute Voraussetzung für die verschiedenen Bereiche des Kinder- und Familienzentrums. In der oberen Etage arbeitet das Kinder- und Familienzentrum. Es gibt einen großen Seminarraum und mehrere kleine Räumlichkeiten. Diese werden zum Beispiel für Beratungen, Teambesprechungen, Elterngespräche, Elternnachmittage, Vorführungen (Puppentheater, Filme von Aktionen im Kinderzentrum, etc.), Versammlungen und Feste genutzt. Die Räume können auch für private Feiern genutzt werden. Von den Eltern wird auch gerne der Garten für familiäre Feiern in Anspruch genommen.

Die untere Etage steht dem Kinderzentrum für die Betreuung, Erziehung und Bildung von 79 Kindern im Alter von null bis sechs Jahren zur Verfügung, die in den Nestbereich, einen Midi-Elementarbereich und den Maxi-Elementarbereich gegliedert sind.

Unser Kinder- und Familienzentrum wird von Familien unterschiedlicher sprachlicher, kultureller, religiöser Herkunft besucht. In einigen Familien mit Migrationshintergrund wird bereits in mehr als zwei Sprachen gesprochen. Die Kinder türkischer Herkunftssprache bilden die Mehrheit. Insgesamt sind die Familienverhältnisse der Kinder sehr verschieden. Das Spektrum umfasst von alleinerziehenden Eltern über Einkindfamilien bis hin zur Familie mit mehreren Generationen alle möglichen Konstellationen.

Wir leben in einer Mediengesellschaft

Die Gesellschaft, in der unsere Kinder aufwachsen, ist sehr stark durch Medien geprägt. Dies ist ein entscheidender Unterschied zu früheren Generationen. Der Wandel der Zeit und die Technisierung der Gesellschaft haben auch Einfluss auf das Leben in den Familien genommen.

Fernsehen, Computer sowie Videospiele gehören heute zum Familienalltag. Der Umgang mit diesen Medien gestaltet sich in den einzelnen Familien sehr unterschiedlich und wirft bei den Eltern und Pädagogen diverse Fragen auf. Eine zentrale Frage, die auch in unsere pädagogischen Praxis im Dialog mit Eltern immer wieder zu einem regen Austausch führt, ist die Frage: „Wie viel Fernsehen und welche Sendungen sind gut für mein Kind?"

In einschlägigen Fachzeitungen machen Wissenschaftler aus aller Welt darauf aufmerksam, dass langer und regelmäßiger Fernsehkonsum von Kindern zu Übergewichtigkeit führen, Schlafstörungen hervorrufen, sich negativ auf die späteren Lese- und Rechenleistungen auswirken und zur Übernahme von Rollenstereotypen führen kann. Über die Gründe sind sich die Experten einig: Wer zu viel Zeit vor dem Bildschirm verbringt, dem bleibt zu wenig Zeit, echte Erfahrungen zu machen, die Welt mit allen Sinnen zu erkunden, mit den eigenen Händen zu „begreifen" und Herausforderungen anzunehmen und zu meistern.

Natürlich sind die Gründe für bestimmte Verhaltensweisen von Kindern vielschichtiger und nicht jedes Verhalten lässt sich mit übermäßigem Fernsehkonsum erklären. Aber der Einfluss der Medien ist nicht außer Acht zu lassen. Fernsehen gehört wie schon oben beschrieben zum Alltag der Kinder in oftmals unübersehbarem Ausmaß. Das Spektrum reicht über das Sehen gezielter (Kinder-)Sendungen an einzelnen Tagen in der Woche bis hin zu mehreren Stunden am Tag. Sehr unterschiedlich wird auch die Begleitung der Kinder beim Fernsehen von den Familien gehandhabt. Zum einen finden sich Familien, in denen das Medium Fernsehen zusammen bewusst genutzt wird und die Eltern mit ihren Kindern über das Gesehene ins Gespräch kommen, auf der anderen Seite gibt es das Extrem, dass Kinder alleine und unkontrolliert fernsehen. Eine kleine Umfrage in unserem Kinderzentrum hat ergeben, dass Eltern das Fernsehen als Medium für Spaß und Unterhaltung, für Wissensvermittlung und Sprachanregung, als Ablenkung oder auch als Babysitter begreifen.

Die Fernsehwelt der Kinder bzw. die Inhalte der Sendungen spiegelten sich auch in unserem pädagogischen Alltag in unterschiedlichem Maße wider. So konnten wir folgende Situationen in der Kindergemeinschaft beobachten:

- Kinder erzählten im Morgenkreis über aufregende Abenteuer ihrer Fernsehhelden.
- Im Rollenspiel wurden Inhalte von Sendungen nachgespielt und verarbeitet, so z. B. in der Familienecke.
- Kinder tauschten sich über ihre Lieblingssendungen aus.

- Sie brachten Figuren und Bücher mit, die bestimmte Fernsehsendungen betreffen.

Natürlich kennen wir im Kinderzentrum auch die negativen Auswirkungen von zu viel Fernsehkonsum, aber hier geht es nicht darum, das Thema zu moralisieren, sondern mit Eltern und auch Kindern in einen regen und auch kritischen Dialog zu gehen.

Denn: Es gibt immer zwei Seiten. Die Medienvielfalt eröffnet Kindern einen großen Erfahrungsraum an Informationen und Wissenswertem. Medien können viel Spaß, Spannung und positive Anregungen bieten. Kinder identifizieren sich mit ihren Helden, mit denen sie mitfühlen. Sie spielen deren Geschichte nach (Rollenspiele), sie bieten Gesprächsanlässe in der Kindergruppe und regen zum Nachdenken an. Und nicht selten münden sie in Projekte, wie in unserem Elementarbereich, wo Kinder ein Projekt unter Motto „Unsere Helden" gestalteten.

Es kommt darauf an, wie Medien eingesetzt werden. Dies ist nicht nur eine Frage der Quantität, sondern auch der Qualität. Die Frage, die sich daraus ableitet, lautet: „Wie viel Fernsehen und welche Sendungen sind gut für mein Kind?" Aber nicht nur Inhalt und Umfang spielen eine Rolle, sondern auch, in welcher Situation geschaut, wie das Kind begleitet wird u. a. Um diese Fragen zu diskutieren und den Eltern mehr Sicherheit und Anregung zu geben, haben wir uns entschlossen, dazu einen thematischen Elternvormittag im Familienzentrum zu gestalten.

Orientieren: Denkanstöße geben und Hilfe anbieten

Uns war wichtig, das Interesse der Eltern an diesem Thema zu wecken bzw. aufzugreifen.

Im Dialog mit Eltern wollten wir verschiedenen Fragen genauer nachgehen und zum Nachdenken über den Fernsehkonsum ihrer Kinder anregen:

- Welche Sendungen kennen die Kinder?
- Welche Medien stehen den Kindern (ständig) zur Verfügung?
- Nutzen die Kinder diese allein oder in Gesellschaft?
- Wird Zuhause mit den Kindern über ihre Lieblingssendungen gesprochen?
- Welche Helden haben die Kinder?
- Werden in den Familien Sendungen in der Herkunftssprache angeschaut?
- Wird der Medienkonsum der Kinder kontrolliert und/oder reglementiert?
- Was wird den Kindern Positives durch das Fernsehen vermittelt?
- Was denken wir, ist das „richtige Maß" beim Fernsehkonsum?
- Kann Fernsehen den Kindern schaden?

Hierbei bezogen wir uns auf die Analysefragen im Berliner Bildungsprogramm im Abschnitt Medien (Senatsverwaltung Berlin 2004, S. 68).

Durch eine angenehme und vertrauensvolle Atmosphäre wollten wir die Basis für eine offene Diskussion schaffen und Eltern ermöglichen, über dieses Thema und die damit verbundenen Unsicherheiten, Zweifel und Sorgen zu reden. Dabei – und hier ist das Thema „Medien" – kein Einzelbeispiel, hilft es uns (sozialpädagogischen Fachkräften) nicht, die Fragen unter dem Gesichtspunkt zu betrachten: Was ist richtig und was ist falsch? Es geht nicht darum, Eltern zu belehren, sondern sich mit auftretenden Fragen der Erziehung ihrer Kinder unter Beachtung ihrer Ansichten und Meinungen wertschätzend auseinanderzusetzen. Diese Einstellung ist die Basis für eine Erziehungspartnerschaft zwischen den Eltern und uns. Dabei gaben uns die 16 konzeptionellen Grundsätze des Handels im Situationsansatz wertvolle Orientierung (vgl. Preissing/Heller 2009). Die Eltern sollen ihre Sichtweisen mitteilen können und sich ernst genommen fühlen.

Handeln: Einen lebendigen Dialog anregen

Organisatorische und inhaltliche Vorbereitung

Damit viele Familien teilnehmen konnten, wurde der Termin für den Themenvormittag unter Berücksichtigung des Fastenmonats Ramadan auf einen Samstag um 10.00 Uhr festgelegt. Dies ist ein Zeitpunkt, an dem in muslimischen Familien keine Essensvorbereitungen stattfinden, und er bietet den berufstätigen Eltern die Möglichkeit, sich Zeit für ein Elterngespräch zu nehmen.

Um möglichst viele Eltern anzusprechen, gestalteten wir zwei Einladungsplakate und hängten diese zehn Tage zuvor an den beiden Eingängen der Kinder- und Familienzentrums auf.

Das ganze Team unterstützte dieses Vorhaben. So hatte die Köchin einen Kuchen gebacken, eine Kollegin erklärte sich bereit, die Kinderbetreuung während des Gesprächs mit den Eltern zu übernehmen, eine andere Kollegin baten wir, mit Fotos und schriftlichen Aufzeichnungen den Verlauf des Elternvormittags zu dokumentieren. Die Kolleginnen der beiden Elementarbereiche hatten im Rahmen unserer täglichen Morgenkreise eine Kinderbefragung zu deren Lieblingssendungen durchgeführt. Diese „Hits der Kids" hatten wir auf Video bzw. DVD unter Einbeziehung der Eltern in Vorbereitung der Diskussion zusammengestellt.

Durch die Unterstützung von Eltern organisierten wir die Filmbeiträge „Lazy Town", „Spongebob", „Caillou", „Blau und Schlau". Selbstverständlich stellten wir in dem Seminarraum auch alle benötigten Abspielgeräte bereit. Wir bereiteten Wandzeitungen vor, die die Eltern anregen sollten, die Sendungen unter bestimmten Gesichtspunkten zu diskutieren

Wie viel Fernsehen ist in Ordnung?

Zusätzlich hatten wir viel Informationsmaterial von der Bundeszentrale für politische Bildung für die Eltern zusammengetragen, in der die wichtigen Themen „Fernsehen für die Jüngsten", „Kinder und Fernsehen – Über den richtigen Umgang", „Können Kinder beim Fernsehen etwas lernen?" und „Werbung" ausführlich behandelt werden.

Konkrete Gestaltung des Themenvormittags

Nachdem wir die anwesenden Eltern begrüßt hatten, machten wir nochmals das Anliegen unseres Gesprächs deutlich. Anschließend baten wir sie, auf die vorbereiteten Karten Fernsehsendungen zu notieren, die ihre Kinder gern schauen (→ Abb. 1). Der Vergleich mit den Ergebnissen aus der Kinderbefragung „Hits der Kids" erstaunte die anwesenden Eltern sehr, denn viele der Sendungen waren ihnen unbekannt. (Ein Grund dafür könnte das vorwiegend junge Alter ihrer Kinder sein.)

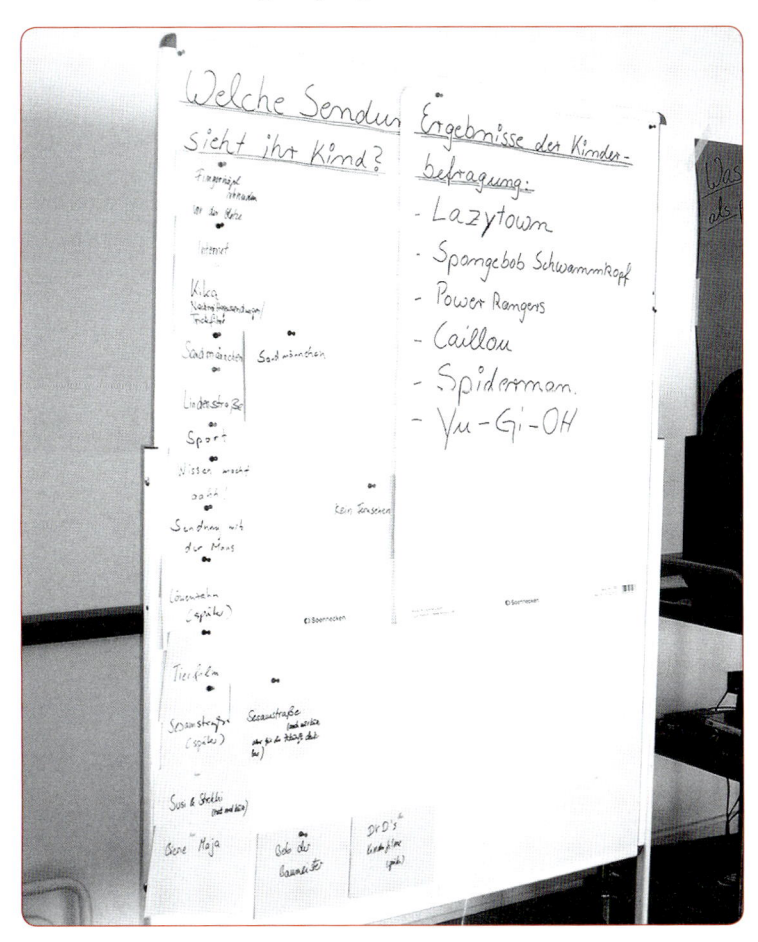

Abb. 1: Die Ergebnisse der Umfrage

Diese Äußerungen waren ein gutes Stichwort für uns, um zu den Filmbeiträgen überzuleiten, die wir ja extra bereit gestellt hatten. Wir starteten mit der Sendung „Lazy Town" und informierten die Eltern über die Hauptfiguren. Nach ca. fünf Minuten wechselten wir zu „Caillou". Eine Mutter kommentierte diesen Wechsel mit der Äußerung: „Danke, mehr hätten wir, glaube ich, nicht ausgehalten!" Die Reihenfolge der Filme hatten wir extra so gewählt, dass die Unterschiede klar zur Geltung kommen, denn „Lazy Town" ist eher futuristisch, mit zum Teil echten Schauspielern, hektisch in der Szenenabfolge und sehr bunt. „Caillou" dagegen ist eher eine Zeichentricksendung mit dezenten Farben, ruhigem Szenenverlauf und sehr deutlicher Sprache.

Nach weiteren fünf Minuten wechselten wir zu „Spongebob Schwammkopf", der bei den Kindern im Moment auf dem ersten Platz steht. Spongebob ist eine Zeichentricksendung mit sehr schnellem Ablauf und einer meist hektischen und lauten Hauptfigur.

Nun baten wir die Eltern, ihre Eindrücke aus den Filmbeiträgen in kleinen Gruppen zu diskutieren und ihre Ergebnisse auf den vorbereiteten Wandzeitungen festzuhalten.

- Welche Emotionen werden durch die Filme geweckt?
- Was empfinden Sie als pädagogisch wertvoll?
- Was könnte eher schaden?

Wir begleiteten die Diskussion in den Gruppen. Dadurch wollten wir den Eltern signalisieren, dass uns ihre Ansichten interessieren und wir offen für ihre Ansichten und Meinungen sind. Durch den Wechsel zu einer neuen Station an der nächsten Wandzeitungen konnten sich die Anwesenden über alle Fragen verständigen. Die Diskussion war angeregt und reflektiert. Die Eltern suchten sogar nach pädagogisch wertvollen Inhalten in Sendungen, die ihnen gar nicht gefallen hatten. Nachdem die drei Stationen absolviert waren, luden wir die Eltern ein, ihre Ergebnisse und Eindrücke in der gesamten Gruppe anhand der folgenden Fragen zu diskutieren.

- Worin sahen Sie Unterschiede?
- Was wird den Kindern an Wissenswertem vermittelt?
- Was beobachten Sie zu Hause?
- Welche brisanten Situationen gibt es?

Durch den Wechsel von Gesprächen in kleinen Gruppen und in der gesamten Gruppe wollten wir erreichen, dass die Eltern schnell in Kontakt kommen, über unterschiedliche Meinungen diskutieren und gemeinsam einen Konsens finden. Da wir den Eltern bewusst keinen Vortrag über dieses Thema halten wollten, schien dieses Vorgehen am geeignetsten, um in ansprechender Atmosphäre miteinander in die Diskussion zu gehen.

Das hat sich bewährt, denn es entstand ein reger Austausch, und zwar nicht nur über die Filmbeiträge. Viele Eltern erzählten auch über ihre eigene Kindheitserlebnisse zum Thema Fernsehen, darüber, was sie positiv aber auch negativ bis heute in Erinnerung haben – bis hin zu der Frage, ob Peter Lustig noch lebt.

Wie viel Fernsehen ist in Ordnung?

Eine Mutter berichtete ganz offen über ihre Unsicherheit im Umgang mit Fernsehen. Sie war sich nicht sicher, welche Sendungen gut für ihre Kinder sind. Sie berichtete von einer Begebenheit, als sie mit ihrer dreieinhalbjährigen Tochter „Biene Maja" anschaute, da sie diese Sendung selbst als Kind sehr gern geschaut hatte. Ihre Tochter bekam aber plötzlich Angst, als Maja und Willi in eine gefährliche Situation gerieten. Sie beschrieb, dass die Musik noch zusätzlich eine Spannungssteigerung hervorgerufen hätte. Diese Situation hatte sie stark verunsichert.

Daraufhin erzählte eine andere Mutter, dass ihre Tochter bei „Susi und Strolch" so mitgefühlt hätte, dass sie ganz nervös und hektisch reagierte, als eines der Welpen von einer Katze bedroht wurde. Sie konnte ihre Tochter nur durch viel gutes Zureden von dieser Angst befreien.

Diese Beispiele nutzten wir als Überleitung zu der Frage, was denn das „richtige Maß" für die Zeit des Fernsehens wäre. Die Ergebnisse einer angeregten Diskussion wiederum in Kleingruppen verglichen wir dann in der großen Runde. Es war erstaunlich zu sehen, dass sehr ähnliche Ergebnisse sichtbar wurden.

Ergebnisse der ersten Gruppe

Fernsehen sollten Kinder
- unter 2 Jahren gar nicht
- von 2–3½ Jahren 5–10 Minuten
- von 4–6 Jahren bis maximal eine Stunde

Ergebnisse der zweiten Gruppe

Fernsehen sollten Kinder
- von 0–3 Jahren nach Möglichkeit nicht
- von 3–6 Jahren maximal 30 Minuten
- von 6–10 Jahren 30 Minuten (Ausnahme mit Zeitkonto)

Um den Eltern eine offizielle Richtlinie anzubieten, hatten wir die Ergebnisse des Landesarbeiterkreises Bayern zum Jugendschutz auf eine Wandzeitung übertragen. Diese präsentierten wir ihnen zum Abschluss der Auswertung ihrer Ergebnisse. Das Faszinierende daran war, dass die Empfehlungen dieser Studie fast identisch mit den Auffassungen der Eltern war:

Fernsehen sollten Kinder
von 0–5 Jahren: max. 30 min. täglich
von 6–8 Jahren: unter 1 Stunde täglich
von 9–10 Jahre: unter 1,5 Stunden täglich

Dieser Vergleich war insofern ein guter Abschluss der Auswertung, da die Eltern sich in ihrer Einschätzung bestätigt fühlten.

Zum Abschluss des Elternvormittags baten wir die Eltern um ein anonymes Feedback mit Hilfe eines Fragebogens.

Nachdenken: Das hat sich gelohnt

Im Vorfeld des Elternvormittags waren wir sehr aufgeregt und hatten Bedenken, ob es gelingen würde, die Eltern zur Diskussion zu diesem sensiblen Thema anzuregen. Außerdem konnten wir nur auf wenige Erfahrungen in dieser dialogischen Art der Durchführung von Themenelterngesprächen zurückgreifen. Aus diesem Grund hatten wir den Ablauf ganz genau geplant und vorbereitet. Das gab doch ein sicheres Gefühl.

Am Tag des Elternvormittags waren wir jedoch sehr erleichtert und positiv überrascht, wie offen und mitteilungsfreudig die Eltern reagierten. Es herrschte eine angenehme Atmosphäre und das nicht nur in den kleinen Diskussionsrunden, sondern auch in der gesamten Gruppe.

Durch den abwechslungsreichen Aufbau des Themas (Filmbeiträge, Klein- und Großgruppendiskussion) war stets Bewegung im Ablauf und es bestand nicht die Gefahr eines langweiligen und belehrenden Fachvortrags. Die teilnehmenden Eltern waren sehr interessiert und diskutierten von Anfang an sehr angeregt mit uns und untereinander, so dass die Fragen, die wir noch zusätzlich überlegt hatten, um die Gespräche aufrechtzuerhalten, völlig überflüssig wurden.

Die Auswertung der Elternfragebogen hat uns in der Einschätzung des Verlaufs sehr bestätigt und gefreut.

Auswertung des Elternfragebogens

Wie empfanden Sie die Atmosphäre während des Themenelternvormittags?
8x sehr angenehm

Wie war das Thema ausgearbeitet?
2x sehr informativ, 6x informativ

Können Sie für sich Anregungen, Denkanstöße oder Hilfen mitnehmen?
1x sehr viele, 7x viele

Würden Sie sich mehr Themenelternabende wünschen?
5x ja unbedingt, 3x ja

> Zu welchen Themen?
>
> - Gesunde Ernährung
> - Umgang mit Konflikten
> - Konsequentes Handeln
> - Wie können Eltern Vorbild für ihre Kinder sein?
> - Musik
> - Sport
> - Übergang in die Schule

Die Auswertung zeigte uns, dass die anwesenden Eltern uns als Partner in der Erziehung ihrer Kinder sehen und die Zusammenarbeit auf einem guten Weg ist.

Bei dieser Veranstaltung nahmen zwar nur acht Eltern teil, aber wir sehen positiv in die Zukunft und werden weiterhin daran arbeiten, mehr Eltern für themenzentrierte Elterntreffen zu interessieren. Denn wir sind davon überzeugt, dass es sich lohnt.

Literaturtipps

- bpb (2007): Teletubbies – Fernsehen schon für Wickelkinder?, Bundeszentrale f. pol. Bildung, URL: http://www.bpb.de/methodik/RHAWWQ.html
- bpb (2007): Was kann Kinder beim Fernsehen ängstigen?, Bundeszentrale f. pol. Bildung, URL: http://www.bpb.de/methodik/300XR7.html
- bpb (2007): Wie wirkt medial dargestellte Gewalt?, Bundeszentrale f. pol. Bildung, URL: http://www.bpb.de/methodik/J4836V.html
- bpb (2007): Orientierung in der Medienwelt – Kinder und Eltern lernen voneinander, Bundeszentrale f. pol. Bildung, URL: http://www.bpb.de/methodik/CW6BKH.html
- bpb (2007): Können Kinder beim Fernsehen etwas lernen?, Bundeszentrale f. pol. Bildung, URL: http://www.bpb.de/methodik/CVV7S5,0,0,K%F6nnen_Kinder_beim_Fernsehen_etwas_lernen.html
- Eirich, Hans (2006): Wie viel Fernsehen ist erlaubt? Das Online-Familienhandbuch, URL: http://familienhandbuch-test.bayern.de/cmain/f_Fachbeitrag/a_Erziehungsbereiche/s_15.html
- Muck, Evelyne (2006): Kinder und Fernsehen – über den richtigen Umgang, Das Online-Familienhandbuch, URL: http://www.familienhandbuch.de/cmain/f_Fachbeitrag/a_Erziehungsbereiche/s_772.html
- Spiegel (2007): Aliens im Kinderzimmer, Spiegel Ausgabe 20/2007

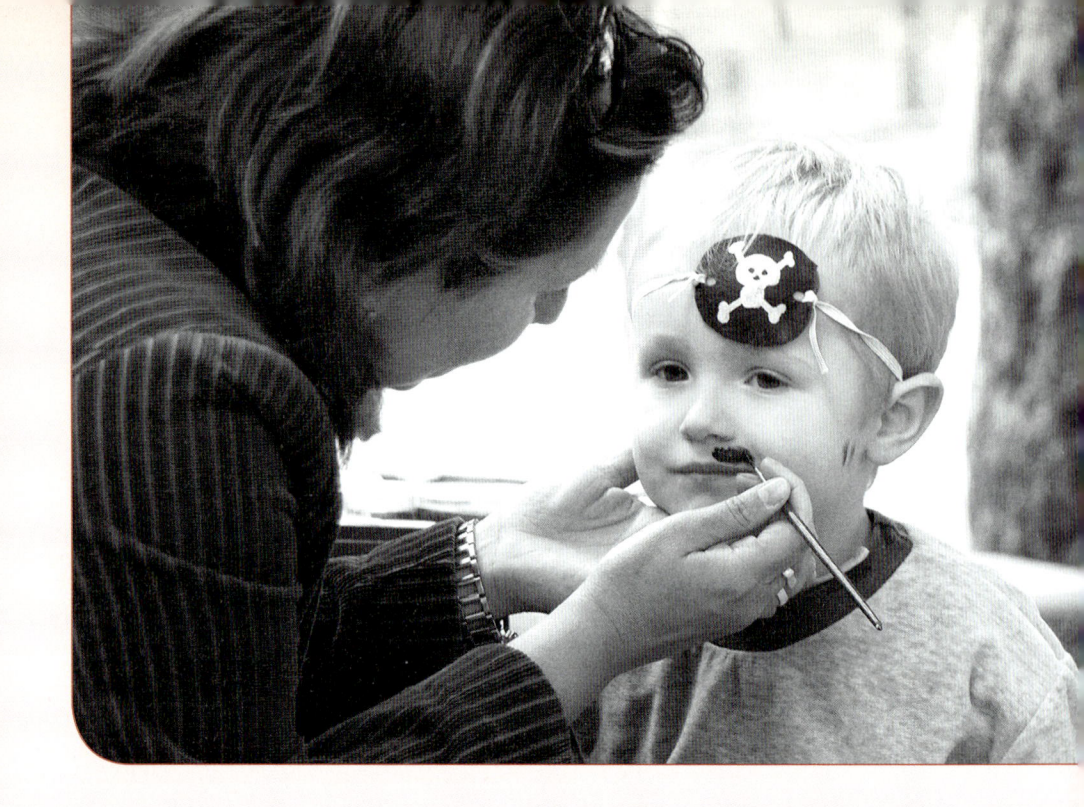

Der Situationsansatz in der praxisorientierten Theorie – Im Dialog mit Erzieherinnen

Elke Heller

Die Praxisberichte der Erzieherinnen zeigen mit ihren breit gefächerten Beispielen, welche gezielte Unterstützung Kinder im Konzept Situationsansatz erhalten, um die heutige Lebenswelt, in die sie hineinwachsen, zu verstehen und kompetent und verantwortungsvoll darin zu handeln. Aber was sind die Voraussetzungen für dieses erfolgreiche pädagogische Vorgehen? Welche grundlegenden theoretischen Positionen stehen „hinter den Beispielen"?

Im Folgenden werden vielfach gestellte relevante Fragen der pädagogischen Arbeit im Konzept Situationsansatz aufgegriffen und in theoretische Zusammenhänge eingeordnet. Auf diese Weise werden die Praxisbeispiele mit Erkenntnissen und Auffassungen zu frühkindlichen Entwicklungs- und Bildungsprozessen fachlich begründet und so für andere Erzieherinnen nachvollziehbar.

Die Nützlichkeit der Verbindung von Theorie und Praxis hat sich in der Fortbildung erneut bestätigt, denn die Praktikerinnen haben mit ihrem Wissen und ihren Erfahrungen den fachlich-theoretischen Diskurs wesentlich bereichert. Diese Erfahrungen aus der Fortbildung mit Erzieherinnen fließen in die nachfolgenden Ausführungen ein. Sie können andere anregen und unterstützen, sich das Konzept Situationsansatz theoretisch verständlich und praktikabel anzueignen.

Welche Bildungsansprüche werden heute an Kindertagesstätten gestellt?

Zur Beantwortung dieser Frage ist es zunächst wichtig, sich bewusst zu machen, welche Anforderungen sich aus den rasant verändernden demografischen, wirtschaftlichen und sozialen Entwicklungen an Kindertagesstätten ergeben. Eine gute Orientierungsgrundlage dafür bietet der Zwölfte Kinder- und Jugendbericht über die „Lebenssituation junger Menschen und die Leistungen der Kinder- und Jugendhilfe". Demnach sollen Kinderbetreuungseinrichtungen den Kindern stabile fürsorgliche, emotional sichere und beschützende Beziehungen bieten, mit vielfältigen Bildungsgelegenheiten zur Auseinandersetzung mit der kulturellen, materiellen und sozialen Welt ermutigen sowie Familien in ihrer Leistungskraft unterstützen (vgl. Bundesministerium für Familie, Frauen, Senioren und Jugend 2005, S. 26 ff.).

Erzieherinnen untersuchten in einer Sozialraumanalyse, inwieweit sie durch ihre Arbeit nach dem Situationsansatz und den damit verbundenen inhaltlichen und strukturellen Angeboten den Lebensbedingungen und Erwartungen der Kinder und Familien in ihrem Umfeld gerecht werden. In der Auswertung ging es um die Beantwortung der folgenden Fragen:

- Was erwarten Eltern von unseren Kindergärten?
- Was brauchen Kinder in unseren Kindergärten?
- Was bieten wir Kindern und ihren Familien?

Die Auswertung ergab folgende Ergebnisse:

Was erwarten Eltern von unseren Kindergärten?

- Geborgenheit, zuverlässige Pflege und emotionale Zuwendung ihrer Kinder, damit sie beruhigt zur Arbeit gehen können
- Gesunde Ernährung, Aufenthalt an der frischen Luft, Körperpflege, Ruhe- und Schlafmöglichkeiten
- Verlässliche Beziehungen der Erzieherinnen zu Eltern und Kindern, vertrauensvolle Kontakte, die unter dem Vorzeichen der Anerkennung stehen
- Vielfältige soziale Kontakte der Kinder untereinander
- Wertschätzung und Anerkennung der verschiedenen Familienformen, Familienkulturen und Religionen
- Hilfe und Beratung bei der Bewältigung der verschiedensten Probleme, z. B. Weitervermittlung zu Erziehungsberatungsstellen
- Wunsch nach gezielter „Vorschularbeit" – insbesondere bei Familien mit Migrationhintergrund das damit verbundene Anliegen, dass ihre Kinder die deutsche Sprache gut erlernen
- Kinder sollen in der Kita „was" lernen, möglichst „messbare und ergebnisorientierte Lernerfolge" in Form von „Produkten" vorweisen können, aber auch soziale Kompetenzen entwickeln
- Förderung besonderer Interessen der Kinder, z. B. Theater, Musik, Tanz etc., teilweise auch durch Zusatzangebote (von Eltern bezahlte „Experten")
- Anpassung der Öffnungszeiten der Kita an die Arbeitszeiten der Eltern, möglichst keine Schließzeiten
- Eine ausgewogene Zusammensetzung der Nationalitäten, (50% Kinder deutscher Familien und 50% Kinder verschiedener Nationalitäten)
- Ausflüge in die Umgebung und verschiedenste Bildungsangebote

Es gibt aber auch Familien, die keine Erwartungen an die Kita haben. Sie erscheinen vielleicht desinteressiert; vielleicht setzen sie auch ein so hohes Vertrauen in die Professionalität der Erzieherinnen, dass sie sich nicht „einmischen" möchten.

Was brauchen Kinder in unseren Kindergärten?

- Qualifizierte, weltoffene und lebensfrohe Erzieherinnen („positive Grundeinstellung zum Leben") mit „offenen Ohren"
- Verlässliche Beziehungen durch vertraute Ansprechpartnerinnen bzw. Bezugserzieherinnen
- Anerkennung ihrer Individualität und Verständnis für ihre Bedürfnisse und Wünsche

- Ein anregendes Lernumfeld, in dem verschiedenaltrige Kinder ihre individuellen Lernbedürfnisse befriedigen können und vor allem auch ihre Neugier und ihr Interesse geweckt werden
- Vielseitige Möglichkeiten, sich selbst auszuprobieren
- Vielfältige sprachliche Anregungen und Kommunikation im alltäglichen Leben
- Umfassende Bildungsgelegenheiten, Projekte, die die Erweiterung des Weltverständnisses unterstützen
- Freiräume, um ihr Bedürfnis nach vielfältigen sozialen Kontakten befriedigen zu können, Schutz und Unterstützung bei der Lösung von Problemen
- Bewegungsmöglichkeiten (draußen und drinnen).

Was bieten wir Kindern und Familien?

- Ein pädagogisches Konzept – den Situationsansatz –, das jedem Kind die Chance gibt, sich unabhängig von seiner Herkunft und seinen Voraussetzungen mit seinen individuellen Möglichkeiten die Welt anzueignen und in dem jedes Kind Anerkennung und Wertschätzung erfährt
- Qualifiziertes pädagogisches Personal, das sich ständig weiterbildet
- Eine sanfte Eingewöhnung des Kindes in das Leben der Kita
- Vielseitige Möglichkeiten für individuelle und gemeinsame Tätigkeiten, auch für Rückzug und Ruhe, wie z. B. Bewegungsräume und -baustellen, Leseecke, Kuschelecke, Atelier u. v. a.; Förderung in allen Bildungsbereichen
- Große, anregungsreich gestaltete Außenflächen, Gärten, Spielplätze, die zu vielseitigen Bewegungen an der frischen Luft animieren, oftmals auch Sauna
- Gesunde Ernährung, teilweise mit Bio-Kost
- Vielfältige Aktivitäten und Aktionen mit Kindern und auch Eltern, wie Feste und Feiern zu den verschiedensten Anlässen, Gruppenfahrten in die Umgebung, eine Woche in der Natur, Übernachtung in der Kita u. v. a.
- Viele Ausflüge zu Stätten der Kultur und Bildung, wie Museen, Parks, Tierpark, Aquarium, Theater; teilweise kostenfreie Angebote
- Beobachtung und Dokumentation der Entwicklung der Kinder; Gespräche über die individuelle Entwicklung des einzelnen Kindes mit Entwicklungsportfolio
- Die Möglichkeit für Eltern und andere Erwachsene, an der Arbeit der Kita teilzuhaben, sich mit ihren besonderen Fähigkeiten und Kompetenzen in die Arbeit mit den Kindern einzubringen, z. B. Vorlesepaten, Konzerte, Experten
- Eine vertrauensvolle Zusammenarbeit mit Eltern, so z. B. bei Problemen hilfreiche und unterstützende Gespräche, Beratung und immer ein offenes Ohr, Elterngespräche, Informationen über familientherapeutische Angebote
- Möglichkeiten zur Begegnung von Eltern wie Elterncafes, Elterngesprächskreis, themenorientierte Elternabende, spontane „Tür- und Angelgespräche"
- Abstimmung flexibler, auch verlängerter Öffnungszeiten der Kita mit den Arbeitszeiten der Eltern, z. B. „Abendbrotkita" bis 21 Uhr.

Diese zusammenfassende Bilanz macht deutlich, wie vielseitig das Erfahrungsspektrum der Erzieherinnen ist. Besonders interessant ist der „Blick über den Tellerrand", denn selbstverständlich erwarten Eltern und brauchen Kinder, die in einem Villenvorort leben, etwa anderes als Kinder und Familien aus einem sozialen Brennpunkt in der Stadtmitte. Diese reflektierende Auseinandersetzung ist grundlegend für die Frage, inwieweit der Situationsansatz die pädagogische Arbeit weiterführend unterstützen kann.

Welche Orientierungen gibt der Situationsansatz?

„Der Situationsansatz ist eine Einladung, sich mit Kindern auf das Leben einzulassen." Dieser vielfach zitierte Satz von Jürgen Zimmer bringt auf den Punkt, worum es in diesem pädagogischen Konzept geht. Bildung und Erziehung knüpfen an sozialen und kulturellen Lebenssituationen der Familien sowie den Interessen und Fragen der jüngeren und älteren Kinder an und ermöglichen ihnen, sich die komplexe Lebenswelt mit ihren Chancen und Risiken in für sie bedeutsamen Sinn- und Handlungszusammenhängen anzueignen. Die Aneignung von Wissen und Können ist eng mit dem unmittelbaren Erleben der Mädchen und Jungen verbunden und erfolgt vor allem durch aktives Handeln in alltäglichen Lebenssituationen innerhalb des Kindergartens und durch Teilhabe im sozial-räumlichen Umfeld.

Das Leitbild des Situationsansatzes (Preissing/Heller 2009, S. 13) gibt einen kurzen und präzisen Überblick über die konzeptionellen Grundlagen des Situationsansatzes. Es ist damit besonders geeignet, die Argumentationen und Diskussionen zu den Vorzügen dieses Konzeptes fundiert zu unterstützen bezogen auf:

- Die *Sicht auf das Kind* mit seinen Möglichkeiten, sich die Welt selbstbewusst und eigenaktiv anzueignen und sich in die Gemeinschaft einzubringen
- Die *pädagogischen Ziele*, alle Kinder mit ihren unterschiedlichen Erfahrungen anzuerkennen und jedem Mädchen und jedem Jungen zu ermöglichen, sich die notwendigen Kompetenzen anzueignen, ihr Leben selbstbestimmt, kompetent und verantwortlich zu gestalten
- Die Erschließung der vielschichtigen und komplexen Bereiche der Lebenswelt als *Inhalte für Bildungsprozesse*
- Die von den sozialen und kulturellen Lebenssituationen ausgehenden Grundsätze des *pädagogisch-methodischen Handelns* sowie
- Den Anspruch einer Erziehungspartnerschaft mit den *Eltern*.

Die intensive Auseinandersetzung mit diesen verschiedenen Aspekten des Leitbildes bildet den inhaltlichen „Anker" für weitere Fortbildungsprozesse, auf die sich alle Beteiligten immer wieder beziehen können. So können sich erste „Sicherheitsinseln" im Meer der komplexen Anforderungen entwickeln.

Welches Bild vom Kind liegt dem Situationsansatz zugrunde?

In der pädagogischen Zunft herrscht heute Einigkeit darüber, dass das so genannte Bild vom Kind die Grundlage allen pädagogischen Handelns ist. Zunächst ist zu klären, was der Begriff „Bild des Kindes" beinhaltet.

Eine verständliche und fundierte Orientierung bietet die Definition von Schmidt: „Das Bild des Kindes ist ein Komplex von Ideen, Vorstellungen und Anschauungen über
- das psychophysische Wesen (die ‚Natur') des Kindes,
- seine Stellung, seine Funktion in sozialen und gesellschaftlichen Strukturen
- Erscheinungen, Bedingungen, Ursachen und Ziele seiner Entwicklung."
(Schmidt 1991, S. 1)

Das Bild vom Kind ist demnach also eine Einheit von Wissen (über das Kind), von normierten Bewertungen (seines Soseins und Werdens) und von ethischen Gesinnungen, die wir in die Partnerschaft mit dem Kind einbringen.

Das Bild vom Kind kann es somit nicht geben, denn dieser ganze Komplex von Vorstellungen, Ansichten und Wertungen über das Kind ist etwas ganz Individuelles. Es unterscheidet sich von Mensch zu Mensch in Abhängigkeit von den persönlichen Erfahrungen und Erlebnissen. Zugleich wird es aber auch durch gesellschaftliche Wertvorstellungen, Erwartungen, Bedingungen und Ziele geprägt.

Selbstreflexion: Worauf basiert mein Bild vom Kind?

Für die Gestaltung der Beziehungen zum Kind ist es wesentlich, sich sein Bild vom Kind bewusst zu machen und seine eigene Haltung im Bildungsgeschehen fortlaufend zu reflektieren und auch zu vertreten.

Die Erzieherinnen erörterten deshalb in Arbeitsgruppen folgende Fragen:

- Wodurch ist mein Bild vom Kind geprägt? Hat es sich im Laufe der Zeit verändert?
- Wie sehen Eltern Kinder und was erwarten sie von ihnen?
- Welchen Stellenwert haben Kinder in unserer Gesellschaft?

In der Diskussion kristallisierte sich heraus, welche unterschiedlichen Sichtweisen auf den Lebensabschnitt Kindsein und Kindheit in der Gesellschaft sowie bei vielen Eltern und Erzieherinnen existieren.

Kindheit als Durchgangsstadium zum Erwachsenwerden

Sichtbar wird ein sich verstärkender Trend, die Anpassungsfähigkeit der Kinder an die Welt der Erwachsenen und den schnellen Erwerb der scheinbar für Schule und Beruf erforderlichen Wissens- und Fähigkeitsbeständen als besonders erstrebenswerte Ziele zu sehen. Der eigene Wert von Kindheit und Kindsein mit den damit verbundenen eigenständigen und zu respektierenden Entwicklungsbedürfnissen der Kinder steht somit auf dem Spiel. Er wird oftmals durch einen eng definierten Erwartungsdruck und daraus resultierende einseitige Förderkonzepte vernachlässigt oder sogar gänzlich in Frage gestellt. Entwicklungspsychologen, Kindertherapeuten, Neurobiologen und Erziehungswissenschaftler versuchen vehement, diesen Trend zu korrigieren. Frühförderprogramme haben jedenfalls derzeit Hochkonjunktur und werden von der Bildungspolitik und auch von vielen Eltern begrüßt und gefördert.

Kinder werden dabei oft an einer Idealnorm von Erwachsenen gemessen und von ihren Eltern deshalb ergänzend zur Kita zu diversen Lern- und Kursangeboten geschickt. Es ist zu fragen, ob dies tatsächlich zu mehr Bildung beiträgt. Auch verschiedenste Fachbeiträge in der Presse und im Internet setzen sich kritisch mit diesem „Zeitgeist-Phänomen" auseinander (siehe Kasten).

> **Literaturtipps**
> - Meines kann schon mehr! Englisch für Babys, Ökonomie für Vierjährige. Wenn Eltern dem Frühförderwahn verfallen. Jeannette Otto in: Die *Zeit*, 06.09.2007, Nr. 37
> - Wider den Förderwahn. Lernziele in der Krippe trainieren Kindern Neugier ab. Wolfgang Bergmann in: Frankfurter Rundschau, Nr. 132, 09.06.2008, S. 12
> - Heute schon Ihr Kind gefördert?, Petra Fleckenstein in: www.urbia.de/topics/?o=kleinkind, S. 1.

Erzieherinnen als „Macherinnen" und „Behüterinnen"

Der Erwartungsdruck auf die Kinder bleibt nicht ohne Wirkung auf die Erzieherinnen. Er macht es ihnen nicht einfach, Kinder als handelnde Subjekte in ihrem Entwicklungsprozess zu begreifen und die eigene Aufgabe darin zu sehen, Kinder vor allem in ihrer eigenaktiven Entwicklung und ihrem eigenaktiven Streben zu unterstützen, sich die Welt mit allen Sinnen anzueignen. Dieser Perspektivwechsel verlangt, die eigene Rolle zu überdenken, nicht alles „für" die Kinder zu organisieren, zu „machen" und zu entscheiden, was für Kinder scheinbar richtig und gut ist.

In einer kleinen Übung zeichneten Erzieherinnen mit viel Spaß in einer Karikatur ihre Haltung gegenüber Kindern: eben als „fürsorgliche Behüterin", „alles Sehende und Hörende", als „liebe Trösterin", aber einige wenige auch als „Wegweiserin" oder „Türöffnerin" u. a. Das Gespräch darüber machte noch einmal deutlich, dass sich jeder bewusst oder unbewusst in seinem Denken und Handeln von subjektiven Vorstellungen über das Wesen Kind leiten lässt.

Kinder leben in einem gesellschaftlichen Umfeld

Der Situationsansatz betont ausdrücklich das Wechselverhältnis von kindlicher Entwicklung und umgebender Wirklichkeit. Zimmer verdeutlicht: „'Das' Kind gibt es nicht. Kinder leben in Wirklichkeiten, in die sie hineingeboren, denen sie sozusagen ausgesetzt sind. Die Möglichkeiten, Mensch zu werden und zu sein, sind von den kulturellen Einflüssen, politischen Zielsetzungen und ökonomischen Bedingungen abhängig." (Zimmer 2000, S. 27)

Die Erzieherinnen hatten sofort viele Beispiele parat, welchen Stellenwert Kinder in einer von Konsum und Werbung geprägten Gesellschaft einnehmen oder wie die soziale Lage in den Familien die Bildungsmöglichkeiten von Kindern beeinflusst. Die anschließende Verständigung über das vom Situationsansatz vertretene Bild vom Kind bestärkte alle darin, ihr eigenes noch einmal aus dieser Sicht zu schärfen und offensiver in der Begegnung mit Eltern und in der Öffentlichkeit zu vertreten.

Das Bild vom Kind im Situationsansatz

Wertschätzung gegenüber der jedem Kind eigenen Weise wahrzunehmen, zu fühlen, zu denken und zu handeln ist wesentliches Anliegen des Situationsansatzes. Denn in diesen eigensinnigen Äußerungen zeigen die Kinder, wie sie ihre Welt interpretieren.

Die Subjektposition des Kindes im pädagogischen Verhältnis zwischen Erwachsenen und Kind anzuerkennen bedeutet, dem Kind zuzutrauen, dass es die für seine Entwicklung notwendigen Schritte durch eigene Aktivität selbst vollzieht, dass es von Anfang an darum bemüht ist, sich gemeinsam mit anderen die Welt anzueignen.

Das Kind wird von Beginn an als der sich mit seiner Welt verbundene, schöpferisch tätige Mensch gesehen, der von sich aus Veränderungen und Weiterentwicklung anstrebt. Das Kind ist Mensch im vollen Sinne, es muss nicht erst Mensch werden (Janus Korczak). Das verlangt, Kindern zu ihrem Recht zu verhelfen, sich die Welt in der ihnen je entsprechenden Art und Weise anzueignen und sie dabei durch verlässliche und interessierte Beziehungen als verständnisvolle Erwachsene zu unterstützen und anzuregen.

Kinder sind Träger eigenen Rechts, eigener Würde und des Lebens in aller Vielfalt. Der Situationsansatz gehört zu den Bewegungen, die dem Kind zu jener Freiheit zu verhelfen versuchen, die etwas von der Unverfügbarkeit menschlichen Lebens überhaupt kennzeichnet. Man kann also Kindheit nicht „inszenieren", etwas aus vielleicht guter Absicht aus Kindern „machen" und ihren Lebensweg und ihr Lebensziel „vorprogrammieren". Vielmehr ist die prinzipielle Offenheit der Entwicklung auch für das

Kind vorauszusetzen. Das heißt, die Unverfügbarkeit menschlichen Lebens begrenzt alle pädagogische Arbeit in ihrer Absicht, Kinder nach einem eigenen Bild zu formen (vgl. Abschlussbericht Projektgruppe „Kindersituationen" 1998, S. 78-81).

Unterstützt durch die DVD des Medienpakets der Bertelsmannstiftung (2006) „Wach, neugierig, klug – Kinder unter 3" reflektierten Erzieherinnen sehr kritisch ihr eigenes pädagogisches Handeln. Sie überlegten gemeinsam, wie sie Kinder mit ihren Wünschen und Interessen bei der Gestaltung des Lebens stärker einbeziehen und beteiligen könnten. Ihnen wurde bewusst, dass dies voraussetzt, den Kindern insgesamt mehr zuzutrauen und ihnen deshalb auch mehr Selbstbestimmung zuzugestehen.

Welches Bildungsverständnis vertritt der Situationsansatz?

Das Bildungsverständnis hat weitreichende Folgen für das Verständis, wie Kinder sich die Welt aneignen und wie sie dabei bestmöglich unterstützt und gefördert werden können.

Selbstreflexion: Eigene Bildungserfahrungen

Erzieherinnen gingen auf „Spurensuche im eigenen Leben" zu den Fragen:

- Was hat Menschen ausgezeichnet, die mich in meinen Bildungsprozessen unterstützt haben? (symbolisch als „Sternstunden" veranschaulicht)
- Wie waren Menschen, die mich in meinen Bildungsbewegungen behindert haben? (symbolisch als „Stolpersteine" veranschaulicht)

Die Auswertung der in kleinen Gruppen mit starker emotionaler Beteiligung geführten Diskussionen erbrachte folgende Ergebnisse:

Prozesse der Aneignung und Bildung werden *unterstützt*, wenn

- Der Person Geduld, Vertrauen und Respekt entgegengebracht werden
- Die Themen, die Lerninhalte, interessant und bedeutsam sind und mit dem eigenen Erleben zu tun haben
- Die eigenen Ideen gefragt und unterstützt werden
- Das Lernen Spaß und Sinn macht
- Erwachsene selbst Vorbild, interessant und authentisch sind
- Erwachsene selbst Begeisterung und Überzeugung ausstrahlen und Humor haben
- Ausreichend Zeit für die Lösung von Aufgaben da ist und selbst etwas ausprobiert werden kann
- Rückhalt, Trost und Zuspruch gegeben werden, wenn etwas nicht gelingt

- Die eigenen Leistungen Wertschätzung und Anerkennung finden
- Wenn Lernen auf „gleicher Augenhöhe" stattfindet.

Aneignungs- und Bildungsprozesse werden *behindert*, wenn

- Der Inhalt nicht interessant ist und langweilig dargeboten wird
- Die eigenen Ideen und Meinungen ausgebremst und nicht ernst genommen werden
- Druck ausgeübt wird, Stress vorherrscht und Angstgefühle erzeugt werden
- Eigene Beiträge oder gar die gesamte Person diskriminiert, bloßgestellt, vorgeführt, ausgelacht und missachtet wird
- Die „Lehrenden" als inkompetent und autoritär erlebt werden
- Ein Klima der Bevormundung und Ungerechtigkeit herrscht
- Der Stil und Ton von Besserwisserei, Bevormundung und Ironie geprägt sind.

Die Reflexion dieser nachhaltigen persönlichen Erfahrungen war die Grundlage für die Auseinandersetzung mit theoretischen Erkenntnissen zum Charakter von Bildungsprozessen bei Kindern.

Bildung ist Aneignung und Gestaltung von Welt

In Anknüpfung an Humboldt wird Bildung verstanden als die Aneignungstätigkeit, mit der sich der Mensch ein Bild von der Welt macht und sie verantwortlich mitgestaltet. Dieses Verständnis kennzeichnet Bildung als einen lebenslangen und von Irritationen und Widersprüchlichkeiten begleiteten Prozess.

Sich ein Bild von der Welt zu machen, beinhaltet:

- Sich ein Bild *von sich selbst* in dieser Welt machen und Eigenverantwortung übernehmen (z. B. durch Fragen wie: Wer bin ich? Zu wem gehöre ich? Was tut mir gut? Was will ich? Wofür setze ich mich ein? Wobei mache ich mit?)
- Sich ein Bild *von den anderen* in dieser Welt machen und sich solidarisch in die Gemeinschaft einbringen (z. B. durch Fragen wie: Wer sind die anderen? Was können sie? Worüber freuen sie sich? Wie können wir gemeinsam etwas bewirken?)
- Sich ein *Bild von den Phänomenen und Ereignissen in der Welt* machen, die Lebenswelt erkunden und verantwortlich mitgestalten (z. B. durch Fragen wie: Was passiert um mich, um uns herum? Was war vor mir und was kommt nach mir? (vgl. Preissing/Heller 2009, S. 44 f.)

Bildung ist immer zugleich auch bewusste Anregung der kindlichen Aneignungstätigkeit durch andere – erwachsene Bezugspersonen oder auch Gleichaltrige. Bildung wird heute als sozialer Prozess verstanden, in dem neben Kindern und Erzieherinnen auch andere Erwachsene aktiv beteiligt sind. Kinder brauchen ein Gegenüber, das ihre Gedanken und Aktivitäten wahrnimmt, sich für ihre Ideen interessiert und sie ernst nimmt, sie in ihrem Forscherdrang unterstützt und ihnen hilft, tiefer in die Dinge, Erscheinungen und Beziehungen einzudringen. Sie haben ein Recht auf diese Anregungen!

Das Bildungsverständnis im Situationsansatz

Die Auswahl der Bildungsinhalte und das methodische Vorgehen im Situationsansatz knüpfen an die unmittelbaren Erlebnisse der Kinder, die Anforderungen, die sich ihnen dabei stellen, ihre Erfahrungen und Fragen an. Das heißt, die Logik des vielschichtigen und inhaltsreichen Lebens selbst bestimmt die Bildungsprozesse. Lernen erfolgt im Situationsansatz also vor allem durch eigenaktives Handeln der Jungen und Mädchen in alltäglichen Lebenssituationen wie der Zubereitung und Einnahme von Mahlzeiten, der Pflege von Tieren und Pflanzen, bei Arbeiten im Garten, in vielfältigen Spielen, in Projekten zu Erkundungen im Umfeld oder Beobachtungen in der Natur, beim Besuch interessanter Gebäude, der Beteiligung an der Vorbereitung von Festen, den Nachforschungen zur Beantwortung einer ihnen bedeutsamen Frage sowie vor allem auch durch eine anregende Raumgestaltung.

Das Leben in der Kindertageseinrichtung – wird es inhaltsreich und anregend gestaltet – bietet den Kindern vielfältige Gelegenheiten, sich die Welt zu erschließen und sich das für ihre Entwicklung notwendige Wissen und Können anzueignen. Das Zusammensein älterer und jüngerer Kinder, das gemeinsame Aufwachsen von Kindern mit und ohne Behinderungen, die alltäglichen Situationen im Tagesablauf, die verschiedenen Spiele, die gemeinsam geplanten Projekte und nicht zuletzt die anregende Gestaltung der Räume ermöglichen reichhaltige Lernerfahrungen. Das Zusammenfallen von lebenspraktischen Tätigkeiten und Lernerfahrungen – dieser Vorzug der Bildung und Erziehung in Kindertageseinrichtungen – wird im Situationsansatz bewusst zum Tragen gebracht.

Damit grenzt sich der Situationsansatz grundlegend von einer fächerorientierten Didaktik ab, in der die Logik und Systematik der Bildungs- und Lernprozesse von den Wissenschaftsbereichen oder Schulfächern bestimmt werden. Künstlich organisierte, aus dem Sinnzusammenhang gerissene Inhalte, die in isolierten Beschäftigungsangeboten von Pädagogen wie auf einer Einbahnstraße zu den Kindern transportiert und vermittelt werden (vorgedacht, vorgeplant, das Ergebnis steht schon vorher fest), widersprechen den pädagogischen Grundlagen des Situationsansatzes. (→ Abb. 1)

Diese Bildungsauffassungen bilden die Grundlage für die Formulierung der Bildungsziele und die Strukturierung der Bildungsinhalte sowie für die pädagogisch-methodischen Aufgaben von Erzieherinnen. Sie setzen Schwerpunkte, sind aber nicht als chronologische Abfolge in der komplexen Auseinandersetzung und den Deutungen des Weltbildes von Kindern zu verstehen. In den Bildungsprozessen der Kinder sind alle Dimensionen immer miteinander verknüpft: Es geht um mich, um die anderen und um die Sache, die wir gemeinsam erkunden und vorantreiben wollen.

Abb. 1: Pädagogische Situationen, in denen unterschiedliche Bildungsverständnisse zum Ausdruck kommen. © Peter Bauer, www.bauer-grafik.com

Übereinstimmung mit anderen Wissenschaftlern

Untersuchungen und Veröffentlichungen von Neurobiologen und Kleinkindforschern stützen nachdrücklich die pädagogischen Auffassungen des Situationsansatzes und warnen vor einer Verschulung des Kindergartens. Stellvertretend werden hier einige Gedanken aus einem Beitrag von Lothar Krappmann (2006), einem anerkannten (Kinder-) Entwicklungs-, Sozialisations- und Lernforscher, der seit Jahrzehnten deutlich zu machen versucht, welche bedeutsamen Schritte sich in der Ausbildung von Fähigkeiten, Einstellungen und Handlungsbereitschaften junger Menschen schon in den Jahren vor dem Eintritt in die Schule vollziehen.

Er hebt hervor, dass diese Entwicklungsschritte Anstöße, Herausforderungen und Ermutigungen brauchen. Sie benötigen Raum und Zeit und oft auch Material, Werkzeuge, Geschichten und Bilder. Kinder werden angeregt durch Gespräche, Erklärungen, durch Gelegenheiten zum Fragen und durch Antworten. Diese Schritte vollziehen sich vor allem im alltäglichen Handeln und im Spiel der Kinder. Krappmann unterstützt damit grundsätzlich die Auffassung, dass die konstruktive Bewältigung der täglichen Probleme, das Spiel der Kinder und ihre Bildungsprozesse innerlich miteinander verwandt sind.

Er wirbt für ein Bildungsverständnis, nach dem die eigene Aktivität des Kindes unterstützt wird, nach dem es Kindern erlaubt wird, ja, nach dem sie dazu aufgefordert werden, eigenen Gedanken zu Problemen und Lösungen nachzugehen, nach dem Kinder Gehör für Fragen finden und Antworten erhalten, auch Widerspruch und Korrektur. Zu dem es aber auch gehört, dass ihnen vermittelt wird, was andere gedacht, erarbeitet und entdeckt haben.

Kindereinrichtungen in den Lebensjahren vor dem Schuleintritt haben die Chance, ein lebensbestimmendes Bildungskonzept zu verwirklichen, eines, das tief in der Person verankert ist, weil es das Selbstvertrauen stützt, weil es aktives Lernen und nicht

Übernahme von Wissen in den Vordergrund stellt und weil es Kindern vermittelt, immer wieder neu und weiterzulernen.

Mit Betonung der Gleichwertigkeit aller Bildungsprozesse warnt Krappmann davor, dass der Kindergarten unter dem Druck der Schule sein eigenständiges Bildungsverständnis aufgeben könnte. Leider gingen zu viele Eltern aus Ängsten über die Zukunft ihrer Kinder eine „kurzfristige Koalition" mit Lehrern ein, die meinen, nun erst in der Schule beginne das ernsthafte Lernen. Dabei vergessen sie, wie sehr das neugierige, aktive Lernen den Kindern langfristig auf ihrem Bildungsweg zugute kommen wird.

Krappmann möchte daher die Erzieherinnen und andere für den Kindergarten Verantwortlichen warnen: „Lassen Sie sich nicht in die eigenständigen Bildungsansätze des Kindergartens hineinreden." (www.isjv.rtp.de, S. 6)

Welche Ziele leiten das pädagogische Handeln?

Bildung geschieht durch eigene Anstrengung und ist dabei immer auf bewusste Anregungen angewiesen, die sich an bestimmten Zielen orientieren. Mittlerweile geben die Bildungspläne und -programme der Länder pädagogische Zielkataloge vor. Wichtig ist deshalb die Verständigung darüber, inwiefern diese für alle Kindergärten verbindlichen Ziele mit den Zielorientierungen des Situationsansatzes in Übereinstimmung zu bringen sind.

Die Ziele des Situationsansatzes beziehen sich auf Kompetenzen, die vom jüngsten Alter an gefördert und unterstützt werden sollten, damit die Kinder in einer sich ständig wandelnden internationalisierten Welt jetzt und zukünftig bestehen und die Gesellschaft aktiv mitgestalten können. Jedes Kind hat ein Recht auf diese gezielten Anregungen seiner Bildungs- und Entwicklungsprozesse.

Der Situationsansatz nimmt dabei die Dimensionen der kindlichen Aneignung von Welt wieder auf und gliedert die Ziele in Kompetenzbereiche, deren Aneignung Kinder unterstützen soll, sich mit der Welt vertraut zu machen und sie verantwortungsvoll mitzugestalten.

- *Ich-Kompetenz* meint, sich seiner selbst bewusst sein; den eigenen Kräften vertrauen; für sich selbst verantwortlich handeln; Unabhängigkeit und Eigeninitiative entwickeln.
- *Soziale Kompetenz* meint, soziale Beziehungen aufnehmen und so gestalten, dass sie von gegenseitiger Anerkennung und Wertschätzung geprägt sind; soziale und gesellschaftliche Sachverhalte erfassen; im Umgang mit anderen verantwortlich handeln; unterschiedliche Interessen aushandeln.
- *Sachkompetenz* meint, sich die Welt aneignen, die sachlichen Lebensbereiche erschließen, sich theoretisches und praktisches Wissen und Können (Fähigkeiten

und Fertigkeiten) aneignen und dabei urteils- und handlungsfähig werden, die Wahrnehmungs- und Ausdrucksfähigkeit erweitern.
- *Lernmethodische Kompetenz* meint ein Grundverständnis davon, dass man lernt, was man lernt und wie man lernt; die Fähigkeit, sich selbst Wissen und Können anzueignen, Wichtiges von Unwichtigem unterscheiden; die Bereitschaft, von anderen zu lernen und sich selbst in Frage zu stellen (Preissing/Heller 2009, S. 13 f.).

Diese vier Kompetenzbereiche sind in der Praxis nicht voneinander zu trennen; sie bedingen sich wechselseitig und können nicht unabhängig voneinander betrachtet werden.

Die Begründungen stehen in engem Zusammenhang mit den oben ausgeführten Grundannahmen zum Bild vom Kind und den Kennzeichnungen kindlicher Bildungsprozesse. Es macht eben einen Unterschied, ob das pädagogische Handeln in erster Linie darauf ausgerichtet ist, dass ein Mädchen oder ein Junge am Ende der Kindergartenzeit in der Lage und bereit ist, die Anweisungen einer Grundschullehrerin in deutscher Sprache zu verstehen und ihnen möglichst widerspruchsfrei Folge zu leisten. Oder ob das Ziel darin besteht, die Lernlust und Neugier der Kinder und ihren Willen und ihre Bereitschaft zur Mit- und Umgestaltung ihrer Lebenswelt wachzuhalten und zu unterstützen.

Für viele der Erzieherinnen neu und erhellend war die Erkenntnis, dass die in den Kompetenzbereichen definierten Ziele in erster Linie als „Richtungsziele" für das Handeln der Erzieherinnen zu verstehen sind. Sie beschreiben und begründen die Orientierungen des pädagogischen Handelns.

Im Sinne eines lebenslangen Lernens geht es bei den Kompetenzen um keine Endpunkte, an denen man „ankommen" kann. Sie unterscheiden sich damit grundsätzlich von „Lernzielen", die eher bezeichnen, was sich alle Kinder bis zu einem bestimmten Zeitpunkt angeeignet haben sollten und in Testverfahren (die zahlreich angeboten werden) möglichst zuverlässig abprüfbar sein sollte.

Pädagogische Arbeit kann die Aneignung von Kompetenzen nicht erzwingen, sie sind sozusagen nicht lehrbar. Sie stellen vielmehr die Richtung dar, in die zu gehen die Kinder bei der Ausschöpfung ihrer individuellen Möglichkeiten unterstützt werden sollen. Demnach geben sie dem pädagogischen Handeln die Orientierung. „Sie sind eher wie Leuchtfeuer, die den Kurs der alltäglichen Arbeit und das gesamte Klima einer Einrichtung mitbestimmen." (Zimmer 2000, S. 15)

Wie können aus dieser Sicht die in den Bildungsprogrammen allgemein bestimmten Kompetenzen in Richtungsziele für das pädagogische Handeln umformuliert und vor allem auf bestimmte Situationen und Vorhaben bzw. Projekte bezogen werden? Die Erzieherinnen betonten, dass sie gerade bei dieser Übertragungsleistung unbedingt Unterstützung benötigen. Hierbei erwies es sich als hilfreich, gemeinsam nach Begriffen, konkret nach Verben zu suchen, die diese pädagogische Perspektive in den Blick nehmen, wie z. B.:

- Kinder in ihrem eigenaktiven Tätigsein *unterstützen*
- Die Ideen und Vorschläge der Kinder *herausfordern*
- Kinder zu vielseitigen Tätigkeiten *anregen, stimulieren, motivieren*
- Kinder in ihrem Selbstvertrauen und Selbstwertgefühl *stärken*
- Kindern die *Möglichkeit oder die Gelegenheit geben*, Fragen, auch unbequeme zu stellen
- Ihr Interesse und Neugier *wecken* für ...
- Ihr Verständnis *vertiefen, erweitern*
- Kinder *vertraut oder bekannt machen* mit ...

Diese Liste könnte sicherlich erweitert werden. Sie kann bei der Beantwortung folgender Fragen nützlich sein:
- Was tun wir als Erzieherinnen, damit sich alle Kinder mit ihren unterschiedlichen Voraussetzungen, Interessen und Absichten in dieser oder jener konkreten Situation solche wesentlichen Kompetenzen aneignen können?
- Welche spezifischen Möglichkeiten bieten die verschiedenen Erlebnisse und Tätigkeiten im Tagesablauf für die Förderung der Ich-, der Sozial-, der Sach- und lernmethodischen Kompetenzen der jüngeren und älteren Kinder und wie sollen sie zur Wirkung gebracht werden?

Wesentliche Voraussetzung für eine wirksame Unterstützung der kindlichen Bildungsprozesse sind natürlich gezielte Beobachtungen, um zu erkennen, ob die Mädchen und Jungen sich auch in der gewünschten Richtung entwickeln und welche Ressourcen sie einsetzen, um die Herausforderungen des Lebens zu meistern. Auch dafür geben die in den Kompetenzen beschriebenen Ziele wesentliche Orientierung (vgl. hierzu auch Lipp-Peetz 2007).

Welche Handlungsorientierungen geben die konzeptionellen Grundsätze?

Die 16 konzeptionellen Grundsätze definieren, was die Qualität pädagogischen Handelns von Erzieherinnen im Situationsansatz ausmacht. Sie kennzeichnen mit ihren Ansprüchen und Kriterien, wie die Ziele und Inhalte des Konzeptes durch das ihnen gemäße pädagogische Handeln wirksam umgesetzt werden können.

Fünf übergreifende theoretische Dimensionen – Lebensweltorientierung, Bildung, Partizipation, Gleichheit und Differenz, Einheit von Inhalt und Form (vgl. Preissing/Heller 2009, S. 42–58) stellen die konzeptionellen Grundsätze in einen theoretischen Bezugsrahmen und geben ihnen die fachwissenschaftliche Begründung.

Die konzeptionellen Grundsätze des Situationsansatzes

1. Die pädagogische Arbeit geht aus von den sozialen und kulturellen Lebenssituationen der Kinder und ihrer Familien.
2. Erzieherinnen finden im kontinuierlichen Diskurs mit Kindern, Eltern und anderen Erwachsenen heraus, was Schlüsselsituationen im Leben der Kinder sind.
3. Erzieherinnen analysieren, was Kinder können und wissen und was sie erfahren wollen. Sie eröffnen ihnen Zugänge zu neuem Wissen und neuen Erfahrungen, die für ihr Aufwachsen von Bedeutung sind.
4. Erzieherinnen unterstützen Mädchen und Jungen in ihrer geschlechtsspezifischen Identitätsentwicklung und wenden sich gegen stereotype Rollenzuweisungen und -übernahmen.
5. Erzieherinnen unterstützen Kinder, ihre Phantasie und ihre schöpferischen Kräfte im Spiel zu entfalten und sich die Welt in der ihrer Entwicklung gemäßen Weise anzueignen.
6. Erzieherinnen ermöglichen, dass jüngere und ältere Kinder im gemeinsamen Tun ihre vielseitigen Erfahrungen und Kompetenzen aufeinander beziehen und sich dadurch in ihrer Entwicklung gegenseitig stützen können.
7. Erzieherinnen unterstützen Kinder in ihrer Selbständigkeitsentwicklung, indem sie ihnen ermöglichen, das Leben in der Kindertageseinrichtung aktiv mitzugestalten.
8. Im täglichen Zusammenleben findet eine bewusste Auseinandersetzung mit Werten und Normen statt. Regeln werden gemeinsam mit Kindern vereinbart.
9. Die Arbeit in der Kindertageseinrichtung orientiert sich an Anforderungen und Chancen einer Gesellschaft, die durch verschiedene Kulturen geprägt ist.
10. Die Kindertageseinrichtung integriert Kinder mit Behinderungen, unterschiedlichen Entwicklungsvoraussetzungen und Förderbedarf und wendet sich gegen Ausgrenzung.
11. Räume und ihre Gestaltung stimulieren das eigenaktive und kreative Tun der Kinder in einem anregungsreichen Milieu.
12. Erzieherinnen sind Lehrende und Lernende zugleich.
13. Eltern und Erzieherinnen sind Partner in der Betreuung, Bildung und Erziehung der Kinder.
14. Die Kindertageseinrichtung entwickelt enge Beziehungen zum sozial-räumlichen Umfeld.
15. Die pädagogische Arbeit beruht auf Situationsanalysen und folgt einer prozesshaften Planung. Sie wird fortlaufend dokumentiert.
16. Die Kindertageseinrichtung ist eine lernende Organisation.

Aus: Preissing/Heller 2009, S. 15–18

Die konzeptionellen Grundsätze geben in ihrer Gesamtheit eine grundlegende Orientierung für das pädagogisch-methodische Handeln im Situationsansatz. In der Fortbildung waren die folgenden vier Fragen zentral, die gemeinsam beantwortet wurden:

- Wie erkenne ich die allgemeinen sozialen und kulturellen Lebenssituationen von Kindern und Familien? (Konzeptioneller Grundsatz 1)
- Was sind aus dieser Sicht bedeutsame Situationen im Leben von Kindern in unserer Kindergemeinschaft? Welche wähle ich aus, um sie im Sinne einer „Schlüsselsituation" pädagogisch zu bearbeiten? (Konzeptioneller Grundsatz 2)
- Welche Rolle habe ich als Erzieherin in diesem Bildungsprozess? (Konzeptioneller Grundsatz 12)
- Wie wird die pädagogische Arbeit im Situationsansatz geplant und dokumentiert? (Konzeptioneller Grundsatz 15)

Wie lassen sich Lebenssituationen von Kindern und Familien erkennen?

Das Wissen um die sozialen und kulturellen Lebenssituationen von Familien heute, um „die Kultur des Aufwachsens" von Kindern ist grundsätzliche Voraussetzung für die wirksame Gestaltung einer an der Lebenswirklichkeit orientierten Arbeit im Situationsansatz. Darin liegt das Besondere im Vergleich zu anderen pädagogischen Konzepten. Kurz gesagt: Der Situationsansatz verknüpft Bildungsprozesse mit der realen Lebenswelt der Heranwachsenden. Damit entspricht dieses pädagogische Konzept aktuellen bildungspolitischen Forderungen, wonach die Unterstützung und Förderung von Bildungsprozessen sich einerseits stärker an gesellschaftlichen Erfordernissen und andererseits an den lebensweltlichen Erfahrungen von Kindern orientieren muss (vgl. 12. Kinder- und Jugendbericht 2005).

Zunächst war es wichtig, zu klären, was unter Lebenssituationen zu verstehen ist: Dabei handelt es sich um real erlebbare und veränderbare Ausschnitte der allgemeinen sozialen und kulturellen Lebenswelt von Kindern und Familien.

Paolo Freire (1921–1997), ein bedeutender, in Lateinamerika wirkender Pädagoge und Anwalt der Armen und Unterdrückten sowie wichtiger Ideengeber des Situationsansatzes, nennt diese Ausschnitte der Lebenswelt von Menschen in einer konkret-historischen Gesellschaft „Themen der Epoche" oder „generative Themen". Damit ist ein ganzer Komplex von Ideen, Konzepten, Hoffnungen, Zweifeln, Werten und Herausforderungen angesprochen. Freire hat diese Themen als „generativ" bezeichnet, niversellen Charakter haben und sich in viele weitere konkrete Themen ie ihrerseits nach der Durchführung neuer Aufgaben verlangen (vgl.

Wie lassen sich Lebenssituationen von Kindern und Familien erkennen?

Welches sind die „generativen Themen" hier und heute? Was treibt uns – Kinder, Eltern, Pädagogen – um und wovon wird das beeinflusst? Erzieherinnen analysierten in Arbeitsgruppen, wie Kinder und Familien in ihren Kindertagesstätten von den Chancen und Risiken der gegenwärtigen und zukünftigen gesellschaftlichen Entwicklung betroffen sind. Dies geschieht auf der Grundlage von Modellen und Trends, die die Gesellschaft kennzeichnen als eine

- Wissensgesellschaft
- Risikogesellschaft
- Arbeitsgesellschaft
- Demokratische Gesellschaft
- Zivilgesellschaft
- Einwanderergesellschaft
- Konsumgesellschaft
- Kommunikationsgesellschaft (vgl. Bundesjugendkuratorium 2001, S. 17 f.).

In der Zusammenfassung der Diskussionen wurde sehr deutlich, in welcher Weise sich gesellschaftliche Veränderungen auf die Lebenssituationen von Kinder und Familien auswirken. Einige Beispiele sollen das belegen.

Wissensgesellschaft

- Bildung und Lernen beginnen früh und dauern ein Leben lang; der Erwartungsdruck auf Kinder und Erwachsene nimmt zu.
- Eltern haben hohe Bildungserwartungen, andererseits werden die vielfach vorhandenen Bildungsmöglichkeiten nicht genutzt.
- Gefordert sind Eigeninitiative und die Nutzung der gebotenen Bildungschancen.
- Der eigenständige Wert von Bildungsprozessen in der Kita wird oftmals nicht als angemessene Schulvorbereitung erkannt und akzeptiert.
- Die Berufe von Eltern werden immer abstrakter, der Blick (Fähigkeiten und Fertigkeiten) für praktische Dinge geht verloren (nähen, bauen, backen, kochen ...).
- Viele Eltern plagen Zukunftsängste: Was wird aus unseren Kindern? Können sie in der von Konkurrenz geprägten sozialen Marktwirtschaft bestehen?

Risikogesellschaft

- Gefährdung der körperlichen Entwicklung durch ungesunde bzw. manipulierte Ernährung
- Bewegungsarmut und Übergewicht und dadurch bedingtes Krankheitsrisiko
- Suchtverhalten insgesamt, auch bei Eltern, nimmt zu: Alkoholismus, Depressionen, Tablettenabhängigkeit

- Ängste von Eltern vor Pädophilie, Veröffentlichung personenbezogener Daten (keine Fotos und Namen von Kindern und Familien); Türen der Kita gut abschließen
- Medizinischer Fortschritt hilft den Menschen, gesund zu werden und gesund zu bleiben.

Arbeitsgesellschaft

- Einerseits Überlastung und Druck der Eltern durch Arbeit und dadurch schlechtes Gewissen, keine Zeit für die Kinder zu haben (z. B. werden auch kranke Kinder in die Kita gebracht)
- Andererseits Angst vor Arbeitslosigkeit mit den Folgen sozialer Isolation, wenig Geld, weniger Selbstwertgefühl, Antriebslosigkeit, Scham
- Kinder leiden unter dem „Leid" der Eltern; Arbeitslosigkeit bestimmt den Lebensstandard und das Lebensgefühl
- Entwicklungen einer „Zweischichten-Gesellschaft" werden immer mehr spürbar
- Der Sozialneid wächst besonders in Krisensituationen (z. B. Wer nimmt wem die Arbeit weg?)
- Jeder sollte flexibel sein und durch Fortbildung sein Wissen erweitern.

Demokratische Gesellschaft

- Das Leben in einer Demokratie erfordert Beteiligung am Gemeinwohl; Mitsprache, Mitentscheiden; Meinungsfreiheit ist ein Grundrecht.
- Bei vielen Menschen zeigt sich ein Desinteresse an gesellschaftlicher Entwicklung, viele nehmen ihr Wahlrecht nicht wahr. Andere möchten wählen, dürfen aber nicht, weil sie nicht die deutsche Staatsbürgerschaft besitzen.
- Die Gleichstellung von Mann und Frau ist im Arbeitsleben und in Familien oftmals nicht durchgesetzt.
- Politiker und Bürger müssen gleichermaßen Verantwortung übernehmen, sowohl auf gesellschaftlicher Ebene als auch bei der Übernahme von Eigenverantwortung.

Zivilgesellschaft

- Familien verändern sich: die Menschen werden älter, Generationen leben oftmals weit entfernt voneinander.
- Es entwickeln sich unterschiedliche Familienformen: einerseits Leben in Großfamilien auf engem Raum, andererseits Kleinfamilie, oftmals ohne darüber hinausgehende familiäre Bindungen.

- Eltern knüpfen zunehmend mehr Kontakte und Netzwerke untereinander, ein Zusammenhalt von Familien entwickelt sich, z. B. unterstützen sich Alleinerziehende.
- Arme Kinder und Familien – reiche Kinder und Familien: Die Schere zwischen arm und reich wird immer größer, Chancengleichheit ist nicht gegeben: Das betrifft z. B. Studiengebühren, hohe Kosten für Nachhilfestunden, Bafög-Rückzahlungen u. a.
- Die Gesellschaft wird immer älter und die Rechte von Kindern treten immer mehr in den Hintergrund.
- Es zeigen sich Tendenzen einer erhöhten Gewaltbereitschaft sowie verstärkt auch Anzeichen von Unzufriedenheit und Unfreundlichkeit.

Einwanderergesellschaft

Im Zusammenleben der verschiedenen Kulturen zeigen sich gegenläufige Tendenzen:

- Einerseits erfahren Familien eine Bereicherung durch andere Religionen und Kulturen, z. B. über Kinderfreundschaften, und es vollzieht sich ein Prozess der Integration vieler ausländischer Familien.
- Andererseits verstärken sich Ausländerhass und Rassismus in der Gesellschaft.
- Es zeigen sich Tendenzen der sozialen Isolation von ausländischen Familien, oftmals auch aufgrund mangelnder Sprachkenntnisse.
- Kinder wachsen oft zwei- und mehrsprachig auf, aber viele Eltern wünschen, dass ihre Kinder Deutsch als Umgangssprache lernen.
- Die Traditionen und Feste vermischen sich auch oft, d. h. Familien verschiedener kultureller Herkunft feiern die traditionellen deutschen Feste vielfach mit.
- Abgrenzung gegen die Verletzung von Menschenrechten, wie z. B. Zwangsheirat, Gewalt in der Erziehung, Unterdrückung von Frauen – Emanzipation.

Konsumgesellschaft

- Die Werbung manipuliert die Menschen und beeinflusst das Selbstbild der Kinder.
- Die Wertigkeit in der Gesellschaft wird bestimmt von materiellen Werten – „Geld regiert die Welt". Verlockende Angebote durch Werbung und Konsum führen immer mehr Menschen in die Schuldenfalle
- Kinder verlieren die Wertschätzung gegenüber „Geschenken" und materiellen Dingen allgemein und z. B. auch zu Spielzeug.

Kommunikationsgesellschaft

- Kinder erleben früh die Nutzung von verschiedenen Medien (Computer, Handy, Mail, SMS, Digitalkamera). Dadurch gehen immer mehr persönliche Kontakte verloren.
- Kompetenzen im Umgang mit der Technik und den Medien verschaffen Zugang zur Wissensgesellschaft.
- Reizüberflutung; Kinder werden vor dem Fernseher, Computer, Gameboy teilweise „ruhig gestellt", Tendenz zum „Abhängen" vor dem Fernseher.
- Entwicklung von Sucht im Umgang mit Medien, wie Computerspiele bei Jugendlichen (Verschiedene Bundesländer starten dazu eine Aufklärungskampagne).
- Enorme Möglichkeiten der Kommunikation über weltweite Entfernungen.

Diese Beispiele für gesellschaftliche Entwicklungen konnten durch viele eigene sowie aktuelle Beispiele aus der Presse belegt werden.

Was sind bedeutsame Situationen von Kindern?

Erkenntnisse der Entwicklungspsychologie und frühkindlichen Pädagogik bekräftigen die Auffassungen des Situationsansatzes, dass Bildungsprozesse in der frühen Kindheit eng mit der Erfahrungswelt der Kinder verknüpft sowie an ihre bedeutsamen Erlebnisse und sinnstiftenden Fragen gebunden sind. Kinder leben und handeln in konkreten Lebenssituationen – in der Familie, im Wohnumfeld, in der Kindertageseinrichtung. Dabei geht es sowohl um Situationen bzw. um Themen, mit denen sich die Kinder selbst aktuell beschäftigen, als auch um solche, die für ihr Aufwachsen in der Gesellschaft unerlässlich sind und deshalb von Erwachsenen thematisiert werden.

Die Ansprüche und Qualitätskriterien des zweiten konzeptionellen Grundsatzes (Preissing/Heller 2009, S 20 f.) bieten eine sehr gute Grundlage für das Erkennen solcher bedeutsamer Erlebnisse, Fragen, Bedürfnisse und Themen von Kindern. Die Erzieherinnen nutzten die dort aufgezeigten Möglichkeiten der Beobachtung von Kindern, für Gespräche mit Eltern und anderen Experten sowie für den Austausch im Team und stellten sowohl die von ihnen identifiziertenbedeutsamen Situationen bzw. Themen als auch die, die für Kinder bedeutsam werden sollten, in der Fortbildungsgruppe vor.

Hilfreiche Grundlage für die schwerpunktmäßige Gruppierung der Beispiele bildete die Unterscheidung der subjektiven Bedeutsamkeit von Lebenssituationen auf den den Ebenen eigenes Erleben, andere Mädchen und Jungen, unmittelbares Wohnumfeld sowie Erscheinungen und Ereignisse in der Welt.

Das eigene Erleben

Bedeutsam für Kinder – je jünger umso mehr – ist eben *das eigene Erleben* und damit eng verbunden das Leben in der Familie, wie z. B.:

- Ich möchte anerkannt werden, wie ich bin und was ich kann, und nicht danach beurteilt werden, was ich habe oder anhabe.
- Wir können schon vieles allein. Was ich schon alles kann. Ich will selbst machen.
- Was schmeckt mir/uns gut, was nicht?
- Wer bin ich? Wer gehört zu mir? Woher kommt mein Name?
- Ich bestimme selbst darüber, wer mich küssen und umarmen darf.
- Bewegen bei Wind und Wetter macht Spaß und tut uns gut
- Ich gehe jetzt in den Kindergarten (Eingewöhnung).
- Manchmal sind wir traurig, manchmal fröhlich. Warum ist das so?
- Wir sind neugierig, wollen alles ausprobieren und die Welt entdecken.
- Was wir alles zu Haus mit unseren Eltern unternehmen können.
- Was unsere Eltern so alles können: Mein Papa spielt Fußball, meiner spielt Gitarre, meiner kann gut kochen. Meine Mama erfindet tolle Geschichten, meine kann Theater spielen ...

Andere Mädchen und Jungen

Bedeutsam sind die *anderen Mädchen und Jungen*, weil sie ähnliche oder auch andere Interessen und Bedürfnisse haben. Mit ihnen muss ausgehandelt werden, wie Interessen und Bedürfnisse gemeinsam oder nebeneinander zum Zuge kommen oder miteinander verbunden werden können, wie z. B.:

- Wer ist außer mir noch in unserer Gruppe?
- Wer ist mein Freund, meine Freundin?
- Im Kindergarten fühlen wir uns wohl, hier können wir schön spielen und Spaß haben.
- Warum wollen manche Kinder kein Schweinefleisch essen?
- In unserem Kindergarten werden viele Sprachen gesprochen. Wir können wir alle miteinander reden?
- Warum zanken wir uns manchmal? Wie können wir uns wieder vertragen?

Das unmittelbare Wohnumfeld sowie Erscheinungen und Ereignisse in der Welt

Bedeutsam für Kinder ist das *unmittelbare Wohnumfeld*, sind aber auch weitere Erlebensbereiche, in denen die Kinder mit Erwachsenen etwas entdecken und lernen können. Bedeutsam sind *Erscheinungen und Ereignisse in der Welt*, auf die Kinder zwar keinen unmittelbaren Einfluss haben, die aber ihr Leben direkt oder indirekt beeinflussen. Sie drücken sich z. B. in folgenden Themen und Fragen aus:

- Was machen unsere Eltern, wenn wir im Kindergarten sind?
- Liegt Berlin in Deutschland?
- Wo wohnen die Schnecken im Winter?
- Wie schreibt man ein Buch?
- Ist das echte Schrift?
- Warum haben manche Kinder schon einen Computer und andere nicht?
- Warum machen manche Familien Ramadan und feiern das Zuckerfest?
- Wir hören so gern Geschichten und schauen uns Bilderbücher an. Welche Bücher gibt es in anderen Ländern?
- Warum sollen wir Gemüse und Obst essen? Was ist Biogemüse? Wir bereiten uns ein gesundes Frühstück.

Der Bezug dieser scheinbar kleinen, aber ganz konkreten und bedeutsamen Lebenssituationen in der Kindergemeinschaft zu allgemeinen gesellschaftlichen Situationen war allen sofort präsent. Gerade im frühen Alter werden durch die Auseinandersetzung mit solchen Fragen Haltungen und Einstellungen geprägt. Mit diesen frühen Eindrücken können die Heranwachsenden spätere Erfahrungen und Kenntnisse gut verknüpfen und einordnen.

Pädagogische Arbeit kann Bildung von Kindern nicht erzwingen, sondern wird immer nur begrenzten Einfluss darauf haben, wie sich ein Kind sein Bild von seiner Welt macht. Pädagogen werden umso mehr an Einfluss gewinnen, je mehr sie die sinnstiftenden Fragen des Kindes aufnehmen und sich auf seine eigensinnigen und eigenwilligen Deutungen einlassen.

Welche „Schlüsselsituationen" wählt die Erzieherin aus?

Situationsanalysen helfen Erzieherinnen zu begründen, warum sie Fragen, Ideen und Erlebnisse von Kindern für so bedeutsam halten, dass sie diese aufgreifen oder auch selbst Anlässe schaffen, Anregungen und Vorschläge an die Kinder herantragen, um sie im Sinne von „Schlüsselsituationen" zielgerichtet längerfristig mit den Kindern zu bearbeiten. „Schlüssel" kann hier bildlich gesprochen bedeuten, sich damit gemeinsam mit Kindern die Tür zur Lebenswelt aufzuschließen.

Aus der Vielfalt der in Frage kommenden bedeutsamen Lebenssituationen wählt die Erzieherin jene aus, die sie mit Kindern im Sinne von *Schlüsselsituationen* längerfristig bearbeiten will, d.h. Situationen,

- Von denen Kinder subjektiv bzw. individuell betroffen sind
- Die über den Augenblick hinaus für ihr Aufwachsen in der Gesellschaft von Bedeutung, ja lebenswichtig sind
- Bei deren Bearbeitung sich die Mädchen und Jungen die für ihre Entwicklung erforderlichen Kenntnisse, Fähigkeiten und Fertigkeiten und neue Erfahrungen aneignen können

Abb. 2: Situation oder Anlass? © Renate Alf, Freiburg

- In denen sie auf exemplarische Weise erleben, dass sie Lebenssituationen verstehen, mitgestalten und verändern können (vgl. auch die Kriterien zur Situationsauswahl, Zimmer 2000, S. 75)

Es ist die Aufgabe der Erzieherinnen, hinter einer Frage, einem zu lösendem Problem oder einer Situation einen Anlass für die Auswahl und Bearbeitung einer Schlüsselsituation zu erkennen (→ Abb. 2).

Zimmer bestärkt Erzieherinnen ausdrücklich in ihrer Verantwortung für die Auswahl von Schlüsselsituationen, indem er schreibt: „Was eine (Schlüssel-)Situation ist, entscheiden Sie. Sie müssen die Komplexität des Geschehens, das Sie beobachten, reduzieren und sagen: Das ist die Situation, die ich jetzt wichtig finde ... Dieser Teil scheint mir geeignet zu sein, den Kindern Erfahrungen zu vermitteln." (Zimmer 2000, S. 29, 31)

Wir haben es, wenn wir mit offenen Augen das gesellschaftliche Umfeld und das Leben in der Kita betrachten, mit einer Fülle von Lebenssituationen zu tun, die für Kinder lebenswichtig sind, von denen sie nicht abgeschottet werden dürfen, wenn man ihnen gerecht werden will. Werden sie als Schlüsselsituationen aufgegriffen, sind sie daraufhin zu befragen, ob und wie sie mit dem Leben von Kindern in Beziehung stehen, wie sie Kinder *mit*betreffen, welche Bedeutung Eltern dieser Situation beimessen und welche Ansichten und Auffassungen Erzieherinnen selbst damit verbinden.

Der Zusammenhang der allgemeinen sozialen und kulturellen Lebenssituationen der Familien mit den konkreten bedeutsamen Situationen und Themen der Kinder in der Kindergemeinschaft und der Auswahl und Bearbeitung einer Schlüsselsituation wird in einer Grafik sehr gut sichtbar (→ Abb. 3). Danach ist es möglich, die Auswahl von

Lebensweltorientierung im Situationsansatz
(nach einem Erklärungsmodell von Jürgen Zimmer)

Allgemeine soziale und kulturelle Lebenssituationen von Kindern und Familien

↕

Bedeutsame Lebenssituationen von Kindern in der Kindertagesstätte

↕

Auswahl einer Schlüsselsituation – Handlungsperspektive der Kinder

↕

Konkrete Vorhaben und Aktivitäten der Kinder

Geld und Konsum bestimmen das Leben in vielen Familien

↓

- Wer ist mein Freund, meine Freundin?
- Man kann nicht alles kaufen, was man haben will
- Hält die Werbung, was sie verspricht?
- Kann man sich Wünsche auch selbst erfüllen?

↓

Wir können uns unsere Wünsche auch selbst erfüllen (Gemeinsame Fahrt zum Ponnyhof)

↓

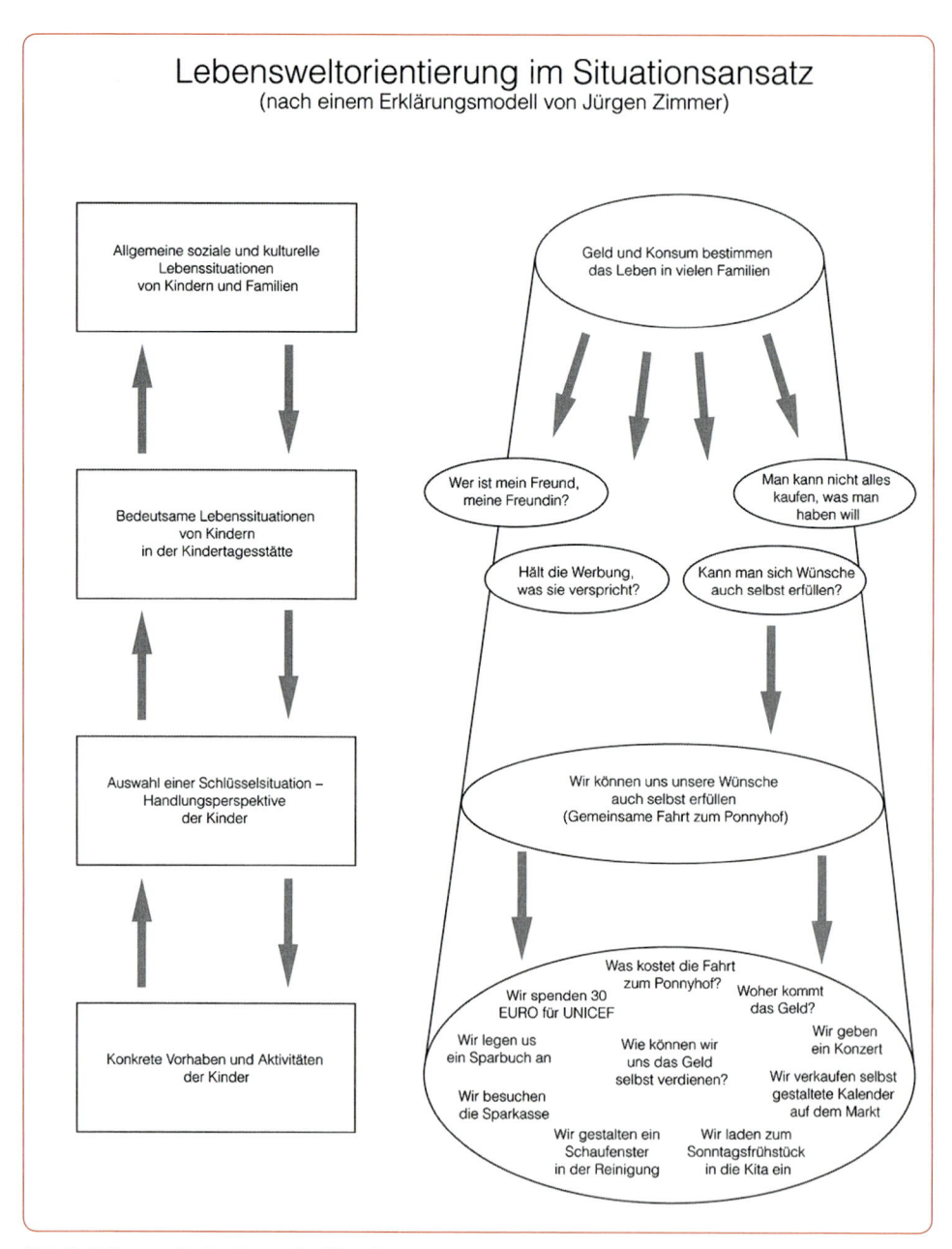

- Was kostet die Fahrt zum Ponnyhof?
- Wir spenden 30 EURO für UNICEF
- Woher kommt das Geld?
- Wir legen us ein Sparbuch an
- Wie können wir uns das Geld selbst verdienen?
- Wir geben ein Konzert
- Wir besuchen die Sparkasse
- Wir verkaufen selbst gestaltete Kalender auf dem Markt
- Wir gestalten ein Schaufenster in der Reinigung
- Wir laden zum Sonntagsfrühstück in die Kita ein

Abb. 3: Lebensweltorientierung im Situationsansatz

Schlüsselsituationen deduktiv aus den gesellschaftlichen Entwicklungen zu begründen, aber auch induktiv die konkreten Aktivitäten der Kinder in Bezug zu gesellschaftlichen Entwicklungsprozessen zu setzen. Vielen Erzieherinnen wurde dadurch erst bewusst, welche gesellschaftspolitische Bedeutung ihre tagtägliche Arbeit mit den Jüngsten hat.

Wie sollten Schlüsselsituationen von Kindern formuliert sein? Dabei gibt es zweierlei zu beachten. Zum einen ist es wichtig, den tatsächlichen Bedeutungsgehalt zu erfassen, den die ausgewählte Situation für die Kinder hat. Zum andern ist von Anfang an auch die Handlungsperspektive der Kinder in den Blick zu nehmen.

Der Situationsansatz ist ein aktives pädagogisches Handlungskonzept, das Kinder bei der Aufklärung, Gestaltung und Veränderung ihrer Lebenssituationen unterstützt. Erzieherinnen sollten deshalb genau erfassen, worin das Erkenntnis- und das Handlungsinteresse der Kinder liegt und dementsprechend die Schlüsselsituation als Thema formulieren. Das wird in Themen der Praxisberichte deutlich.

- Welche Frage soll aufgeklärt werden? – Z. B.: Wie kommen die alten Porzellanscherben in unseren Garten?
- Was soll an einer Situation verändert werden? – Z. B.: Wir richten uns ein „klitzekleines" Lesezimmer ein.
- Welches Erlebnis soll gestaltet werden? Z. B.: Wir feiern unser Sommerfest – und alle sind beteiligt
- Welches Bedürfnis soll geweckt bzw. befriedigt werden? Z. B.: Zähneputzen ist wichtig – warum und wie?

Welche Bildungsinhalte können sich Kinder aneignen?

Im Situationsansatz bilden die ausgewählten Schüsselsituationen für Kinder den Anlass bzw. den Zugang, sich die konkreten, komplexen und in ständigem Wandel befindlichen Erscheinungen der Lebenswirklichkeit samt der kulturellen Güter und Wissensbestände anzueignen. Auf diese Weise ergeben sich in der Kindergemeinschaft eine Vielzahl an Fragen und Themen, kommt eine Menge an Welterfahrung und Forschergeist zusammen, die Bildungsanlässe in Hülle und Fülle bieten. Die Kindergemeinschaft ist sozusagen ein Sammelbecken von Fragen, Erfahrungen und Deutungen. Die Erzieherin wird aber auch Themen an die Kinder herantragen, die für ihr Aufwachsen in dieser Welt und für ihre gedeihliche Entwicklung wichtig sind (→ Abb. 4). Eines ist deutlich: So komplex die Lebenswelt, die Erfahrungen und Fragen der Kinder sind, so vielfältig sind die Herausforderungen für Erzieherinnen und Erzieher.

Angeregt durch eine Veröffentlichung in der Zeitschrift GEO 9/2006 zu der Frage „Welches Wissen braucht der Mensch?", in der Mitglieder der Redaktion Symbole für das zusammengetragen haben, was ihnen spontan wissenswert erschien, zeichneten

Abb. 4: Warten auf eine Situation. © Renate Alf, Freiburg

Erzieherinnen Symbole für Bildungsinhalte, mit denen Kinder im Verlauf ihres Kita-Lebens in Berührung kommen sollten.

Interessant war, bei der Auswertung festzustellen, dass sehr viele Symbole zum musischen Bereich und bildnerischen Gestalten, zur sprachlichen Bildung und zum sozialen und kulturellen Leben sowie zum Bekanntmachen mit der Natur vertreten waren, aber kaum zu technischen und mathematischen Grunderfahrungen. Erstaunen löste auch die Tatsache aus, das nur wenige Symbole die Gesunderhaltung des Körpers durch Ernährung und Bewegung als wichtige Bildungsinhalte thematisierten. Durch diese Erfahrungen wurde deutlich, in welchem der gleichermaßen in fast allen Bildungsprogrammen der Länder konzipierten Bildungsbereiche Fortbildungsbedarf besteht.

Erzieherinnen, die nach dem Situationsansatz arbeiten, interessieren sich für die bedeutsamen Erlebnisse, Erfahrungen und Fragen der Kinder und eröffnen ihnen davon ausgehend Zugänge zu den Bildungsbereichen. Sie gehen der Neugier der Kinder nach, unterstützen ihren Forscherdrang und helfen ihnen, tiefer in die Dinge und Erscheinungen des Lebens einzudringen.

Bei all diesen Erkundungen wenden sich Kinder und Erzieherinnen natürlich auch an andere Erwachsene, an Experten, die ihnen helfen, die Antworten gemeinsam herauszufinden. Mädchen und Jungen leihen sich Bücher aus der Bibliothek, gehen ins Museum, fragen den Zahnarzt, holen sich fachlichen Rat beim Gärtner usw. usf.

Sie verfolgen dabei beharrlich und systematisch ihr bedeutsames Vorhaben, ihre Schlüsselsituation bzw. Thema und „plündern" dazu die notwendigen Erkenntnisse aus den verschiedenen Wissensbereichen. Hierin besteht der große Unterschied zu einer Pädagogik, in der vorgegebene Bildungsthemen nach Vorgabe eines Planes abgearbeitet werden und in der die die Kinder bewegenden Fragen und Erlebnisse kaum Beachtung finden.

In den Schlüsselsituationen sind verschiedenste Bildungsinhalte enthalten, die es in gemeinsamer Aktion von Kindern und Erwachsenen zu erschließen gilt. Historisch und kulturell gewachsenes Wissen über die Welt kann so über vielfältige, den Kindern bedeutsame Zugänge erschlossen werden. Bei der Auswahl der zu bearbeitenden Schlüsselsituationen und den daraus zu entwickelnden Themen und Aktivitäten sollten Erzieherinnen beachten, dass sich die Kinder im Verlauf ihres Kindergartenlebens mit den Inhalten aus den Bildungsbereichen der Bildungsprogramme vertraut gemacht haben können. Im Berliner Bildungsprogramm sind das:

- Körper, Bewegung und Gesundheit
- Soziales und kulturelles Leben
- Kommunikation: Sprachen, Schriftkultur und Medien
- Bildnerisches Gestalten
- Musik
- Mathematische Grunderfahrungen
- Naturwissenschaftliche und technische Grunderfahrungen.

Diese Inhalte finden sich so oder in ähnlicher Weise in nahezu allen inzwischen veröffentlichten Bildungsprogrammen bzw. Bildungsempfehlungen der Länder.

Welche Ansprüche werden an Erzieherinnen gestellt?

Die zielgerichtete Auswahl und pädagogische Bearbeitung von Schlüsselsituationen stellt hohe Ansprüche an die Arbeit von Erzieherinnen. Denn es gilt, an bedeutsamen Erlebnissen der Kinder, an ihren Erfahrungen und Fragen anzuknüpfen, die Bedürfnisse und Entwicklungsprozesse auch einzelner Kinder im Blick zu haben, den Kindern genugend Freiraum zu geben und zugleich systematisch an der Umsetzung der Bildungsziele und Bildungsinhalte zu arbeiten.

Das pädagogische Konzept Situationsansatz versteht sich als ein Prozess des Lebens und Lernens in größeren oder kleineren Kindergruppen. Hier in der Kindergemeinschaft leben, lernen und spielen Kinder verschiedener kultureller Herkunft, unterschiedlichen Alters und Entwicklungsstandes. Hier können Kinder gleichberechtigt ihre Erfahrungen mitteilen, gemeinsame Vorhaben planen und Kompromisse aushandeln. Das Leben in der Kindergemeinschaft bildet ein eigenständiges soziales Beziehungsgefüge. „Die Führung einer Gruppe im Kindergarten stellt fundamental andere Anforderungen, als es der geschickte, der wissenschaftlich abgesicherte Umgang mit einem einzelnen Kind stellen würde. Überspitzt ausgedrückt: Erziehen kann jeder, aber eine Gruppe führen (Group-Management) noch lange nicht. Die die Entwicklung jedes einzelnen Kindes fördernde Führung einer Gruppe ist allerdings das wichtigste Merkmal guter Erzieherinnen und Erzieher. Die Fähigkeit, sinnvolle, dem Kind angemessene Lernprozesse für eine Vielzahl von Kindern zu realisieren, (...) gilt als der wichtigste und wirkungsmächtige Faktor. Erzieherinnen sollten die Gabe haben, möglichst vielen einzelnen erfolgreiche Lernprozesse in der Gruppe zu ermöglichen." (Dollase 2005, S. 33)

Das Konzept Situationsansatz versteht Bildung als sozialen Prozess, an dem alle Akteure gleichermaßen beteiligt sind. Interaktion und Zusammenarbeit von Kindern und Erwachsenen, aber auch der Kinder untereinander gewinnen zunehmend an Bedeutung. Deshalb sind Erzieherinnen gefragt, die Kindern nicht allwissend oder allmächtig begegnen, die ihnen keine vorgeplanten und vorgedachten Angebote präsentieren. Gefragt sind vielmehr Erzieherinnen, die mit Kindern gemeinsam etwas herausfinden und erkunden wollen, die sowohl in die Rolle der Lehrenden als auch in die Rolle der Lernenden wechseln können und Kindern als Beispiel dienen, dass Lernen und Entwicklung nie aufhören.

Wenn Erzieherinnen gemeinsam mit Kindern einer offenen Frage nachgehen, auf die sie selbst noch keine Antwort haben und gemeinsam nach Antworten suchen, dann zeigen sie ihnen, wie Lernen gelingen kann. In einem solchen gemeinsamen Lernprozess entstehen neue Erkenntnisse für Kinder und Erwachsene.

Wie wird die pädagogische Arbeit geplant und dokumentiert?

In einigen Kindergärten müssen sich Erzieherinnen immer wieder mit Forderungen von Eltern auseinandersetzen, täglich darüber informiert zu werden, welches Bildungsangebot „stattfand" und ob ihr Kind daran teilgenommen hatte. Deshalb ist die grundsätzliche Auffassung zu bekräftigen, wonach die pädagogische Planung im Situationsansatz nicht der Systematik der Bildungsbereiche folgt und sich nicht auf isolierte Bildungsangebote im starren Monats- und Tagesrhythmus beschränkt. Dass sie aber auch nicht beliebig, „aus dem Bauch heraus" erfolgt, ist ebenfalls klar. Vielmehr gilt es, im alltäglichen Lebens- und Erfahrungsprozess der Kinder Schlüsselsituationen auszuwählen und zum Anlass zu nehmen, die Ziele und Inhalte der jeweiligen verbindlichen Bildungsprogramme schwerpunktmäßig im Blick zu haben und umzusetzen.

Planung im Situationsansatz ist immer ein offener Prozess, denn die Dynamik der jeweiligen Kindergemeinschaft, die Interessen und Fragen der Kinder, neue unvorhergesehene Ereignisse oder Erkenntnisse führen zu neuen Wegen, neuen Richtungen in den Bildungsbewegungen der Kinder. Hierfür eine Offenheit zu entwickeln und sich auf diese Veränderungen einzulassen, dennoch die Bildungsziele und Inhalte im Auge zu behalten, ist ein wichtiger Teil der professionellen Planung und Organisation der Arbeit von Erzieherinnen. Wesentliche Grundlage der Planung und Dokumentation sind die vier Schritte – Erkunden, Ziele entwickeln, Handeln, Nachdenken –, die im dem 15. Konzeptionellen Grundsatz (vgl. Preissing/Heller 2009, S. 38 f.) ausführlich dargestellt sind (siehe auch Kasten).

Die Dokumentationen unterstützen diesen Prozess und richten sich an verschiedene Adressaten.

- Dokumentationen sind zum einen ein unerlässliches Instrument für die Planung und Reflexion der Arbeit von *Erzieherinnen*. Sie helfen das pädagogische Vorgehen zielgerichtet zu konzipieren und schaffen eine transparente Grundlage für kooperative Absprachen im Team. Sie veranschaulichen, wie und wodurch Ziele erreicht werden konnten, wie die Kinder an der Planung und Durchführung beteiligt waren und ob die Aktionen auch wirklich den Interessen und Entwicklungstempi der Kinder entsprachen.
- Dokumentationen ermöglichen *Kindern* zum anderen, sich mit ihren Ideen und Vorschlägen in die Gestaltung ihres Lebens einzubringen, Erlebtes in einer ihnen gemäßen Weise zu dokumentieren, sich daran zu erinnern und darüber auszutauschen. Kinder dokumentieren mit!
- Schließlich bekommen *Eltern* mittels anschaulicher Dokumentation einen Einblick in die inhaltliche Arbeit, können mitdenken und die Bildungsbewegungen ihrer Kinder aktiv unterstützen. Dokumentationen regen Eltern zur Mitwirkung und Beteiligung an. Sie werden angeregt, ihre Fähigkeiten und Kompetenzen, ihre Interessen und Hobbys einzubringen. Sie bieten ihnen so die Möglichkeit, sich aktiv an der Gestaltung der Arbeit mit den Kindern zu beteiligen.

Zur *Form der Dokumentation* gibt es verschiedene Möglichkeiten. In vielen Teams hat es sich bewährt, die Dokumentationen einheitlich im Eingangsbereich, in der Garderobe oder im Flur zu gestalten. Da die pädagogische Praxis nach dem Situationsansatz außerordentlich variantenreich und vielfältig gestaltet ist, können selbstverständlich auch mal Einzelaktivitäten von Kindern, spontane Erlebnisse und interessante Begebenheiten vorgestellt werden.

Dokumentationen sind keine fertige Leistungsschau, sondern wachsen allmählich und werden im Prozess der Arbeit immer vollständiger. Dokumentationen sind nichts Zusätzliches, sondern fester Bestandteil der täglichen Arbeit. In jedem Team muss überlegt werden, wie innerhalb der Arbeitszeit effektive Möglichkeiten für die Anfertigung der Dokumentation geschaffen werden können. Erzieherinnen sollten nach Möglichkeit auch Kinder und Eltern einbeziehen. Das macht die Dokumentation bunter und entlastet die Erzieherin. Die Dokumentation wird so zu einem festen Bestandteil der pädagogischen Arbeit.

Erzieherinnen präsentierten zum Abschluss der Fortbildung anhand der vier Planungsschritte sehr professionell und selbstbewusst ihre Dokumentationen zur Bearbeitung der verschiedensten Schlüsselsituationen im Leben der Kinder in ihren Kindergärten. Die Anerkennung und Wertschätzung der teilnehmenden Gäste an der Abschlussveranstaltung – Leitungskräfte der Kindergärten, Kolleginnen, die Geschäftsführerinnen und andere Interessierte – bestärkte sie in ihrem beruflichen Selbstbewusstsein und stimulierte ihr weiteres innovatives Nachdenken und Handeln.

Schritte zur Planung und Dokumentation der pädagogischen Arbeit im Konzept Situationsansatz

1. Erkunden: Situationen analysieren – Schlüsselsituation auswählen
- Analyse der *allgemeinen* sozialen und kulturellen Lebenssituationen von Kindern und Familien
- Analyse der *konkreten* Lebenssituation der Kinder in der Familie, in der Kita und im Umfeld
- Auswahl einer Schlüsselsituation von Kindern, einer Kindergemeinschaft oder einer gesamten Kita
- Analyse: Welche möglichen Bedeutungen bzw. Interessen liegen für die Kinder in dieser Situation? Wie stellt sie sich dar für Eltern, Erzieherin oder andere?

Dokumentation: Was wir beobachtet bzw. erkundet haben

2. Orientieren: Ziele entwickeln
- Was soll an der Situation verändert, welche Frage soll aufgeklärt, welches Erlebnis soll gestaltet bzw. welches Bedürfnis soll befriedigt werden?
- Welche Erfahrungen sollen Kindern ermöglicht, welche Kompetenzen gefördert und unterstützt werden?

Dokumentation: Was Kinder dabei lernen können

3. Handeln: Situationen gestalten
- Welche Aufgaben ergeben sich für die Alltagsgestaltung, das Spiel, für Projekte und für die Raumgestaltung?
- Welche Tätigkeiten und Anregungen sind erlebnisreich und interessant für die Kinder?
- Welche Erfahrungsfelder lassen sich innerhalb und außerhalb der Kita erschließen?
- Wie können Eltern und andere Personen uns unterstützen?

Dokumentation: Was wir uns vorgenommen – was wir erlebt haben

4. Nachdenken: Erfahrungen auswerten

Im Rückblick sollte gemeinsam darüber nachgedacht werden:
- Woran beteiligten sich die Kinder besonders aktiv?
- Wie und wodurch konnte die Situation verändert oder besser verstanden werden?
- Was ist noch offen? Welche Fragen müssen noch beantwortet werden?
- Welche nächsten Schritte bzw. welche Vorhaben sind geplant?

Dokumentation: Was wir erreicht haben

Literaturangaben

Bertelsmann (2006): Wach, neugierig, klug – Kinder unter 3. Ein Medienpaket für Kitas, Tagespflege und Spielgruppen. Gütersloh.

Bundesministerium für Familie, Senioren, Frauen und Jugend (2005): Zwölfter Kinder- und Jugendbericht der Bundesregierung. Über die Lebenssituation junger Menschen und die Leistungen der Kinder- und Jugendhilfe. Bonn.

Bundesjugendkuratorium (2001): Streitschrift Zukunftsfähigkeit, Berlin.

Dollase, R. (2005): Vom Kopf auf die Füße stellen. In Kita aktuell, Nr. 2/2005, S. 33–37.

Freire, F. (1991): Pädagogik der Unterdrückten. Hamburg.

Heller, E./Lipp-Peetz, Ch./Naumann, S./Preissing, Ch./Zimmer, J. (1998): Kindersituationen erkenn – Handlungsfähikeit entwickeln. Abschlussbericht zum Modellprojekt Kindersituationen (unveröffentlichtes Manuskript).

Krappmann, L. (2006): Lernen vor der Schule, Lernen in der Schule – Kontinuität und Wandel. In: Scholz, G.: Lernen ja – Verschulung NEIN. Verlag an der Ruhr, S. 58 ff.

Lipp-Peetz, Ch. (Hrsg.) (2007): Praxis Beobachtung. Auf dem Weg zu individuellen Bildungs- und Erziehungsplänen. Berlin Düsseldorf Mannheim.

Preissing, C./Heller, E. (Hrsg.) (2009): Qualität im Situationsansatz. Berlin. Düsseldorf.

Preissing, C./Boldaz-Hahn, St. (2009): Qualität von Anfang an. Berlin Düsseldorf.

Redaktion GEO (2006): Welches Wissen braucht der Mensch? Zeitschrift GEO, S. 127 und 155.

Schäfer, G. E. (2008): Anfängergeist. In: Betrifft Kinder 10/2008, S. 7–17.

Schäfer, G. E. (2008): Das Denken lernen – Bildung im Krippenalter. In: Betrifft Kinder 08–09/2008, S. 7–15.

Schmidt, H. D. (1991): Das Bild des Kindes und seine pädagogischen Konsequenzen. In: Schmidt, H.-D./Schaarschmidt, U./Peter, V. (1991): Dem Kinde zugewandt: Überlegungen und Vorschläge zur Erneuerung des Bildungswesens. Hohengehren.

Senatsverwaltung für Bildung, Jugend und Sport (2004): Berliner Bildungsprogramm Berlin.

Zimmer, J. (2000): Das kleine Handbuch zum Situationsansatz. Weinheim und Basel.

Kontaktadressen

Elke Lemke/Heike Westermann
Kindergarten Rosenheimer Straße 20 B
10779 Berlin
Rosenheimerstrasse@inakindergarten.de

Monika Braun-Ingrassano/Monika Koschnitzki-Schmidtke
Kindergarten Seestraße 14
13467 Berlin
seestrasse@inakindergarten.de

Ute Reinhard
Kindergarten Granitzstraße 38
13189 Berlin
granitzstrasse@inakindergarten.de

Jeannette Börner/Sabine Kretschmann
Kindergarten Preußstraße 5/6
10409 Berlin
preussstraße@inakindergarten.de

Karola Leidecker
Kindergarten Lüneburger Straße 14
10557 Berlin
lueneburgerstrasse@inakindergarten.de

Sabine Derlin/Ute Fläming
Kindergarten Preußstraße 5/6
10409 Berlin
preussstraße@inakindergarten.de

Simone Thomas
Kindergarten Flurweg 77
12357 Berlin
flurweg@inakindergarten.de

Cornelia Gräff/Nadja Patzer
Kindergarten Habersaathstraße 13
10115 Berlin
habersaathstrasse@inakindergarten.de

Bärbel Gutzoff
Kindergarten Preußstraße 5/6
10409 Berlin
preussstraße@inakindergarten.de

Dilek Özkan
Kindergarten Bülowstraße 35
10783 Berlin
Buelowstrasse@inakindergarten.de

Petra Braun/Jana Wittlich
Kindergarten Augustenburger Platz 1 im Virchow Klinikum
13353 Berlin
kitacvk@inakindergarten.de

Kerstin Fest
Kindergarten Granitzstraße 38
13189 Berlin
granitzstrasse@inakindergarten.de

Gudrun Thiel
Kindergarten Markgrafenstraße 80
10969 Berlin
Markgrafenstrasse@inakindergarten.de

Sabine Colm, Kindergarten Rosenheimer Straße 20 B
10779 Berlin
Rosenheimerstrasse@inakindergarten.de

Bärbel Mende/Kerstin Hoffmann/Sevda Demir
Kinderarten Grüntalerstraße 34
13359 Berlin
Gruentalerstrasse@inakindergarten.de

Team des Kindergartens Lüneburger Straße
Lüneburger Straße 14
10557 Berlin
lueneburgerstrasse@inakindergarten.de

Team des Kinder- und Familienzentrums Neue Steinmetzstraße
Neue Steinmetzstrasse 1–3, 10827 Berlin
neuesteinmetzstrasse@inakindergarten.de

Träger: INA.KINDER.GARTEN gGmbH
Karl-Marx-Straße 71, 12043 Berlin
Tel.: 030/609 77 89-30

INA.KINDER.GARTEN

Elke Heller
Andersenweg 51a
14558 Nuthetal/Rehbrücke
heller.rehbruecke@web.de

Qualität zählt!
Qualitätssicherung in der Kita – Kriterien und Materialien

Der Situationsansatz ist in vielen Kindertageseinrichtungen eine Selbstverständlichkeit. Trotzdem fällt eine klare Definition des Konzepts und die praktische Umsetzung oft nicht leicht.

Eine große Hilfe leistet dieses Buch. Darin geht es um das Leitbild, die Grundsätze, Qualitätskriterien und die theoretischen Dimensionen des Situationsansatzes.

Materialien zur Qualitätsentwicklung, Tabellen und Checklisten laden zur Reflexion und Konzeptentwicklung im Team ein. Die Arbeit wird so für alle transparenter.

Das umfangreiche Buch im praktischen DIN-A4-Format ist mit einer CD-ROM ausgestattet, die u.a. ausdruckbare Beobachtungsbögen bereit hält.

Christa Preissing/Elke Heller (Hrsg.)
Qualität im Situationsansatz
Qualitätskriterien und Materialien
für die Qualitätsentwicklung in
Kindertageseinrichtungen
328 Seiten, kartoniert, mit CD-ROM
978-**3-589-24607-6**

... zusammen wachsen!

Cornelsen Verlag Scriptor • 14328 Berlin
www.cornelsen.de/fruehe-kindheit

Cornelsen
SCRIPTOR